Kommunikativ stark – Sprachmittlung Französisch

Grundlagenartikel von Frank Schöpp

Kopiervorlagen von
Janine Bruchet-Collins
Michael Kirchmeir
Frank Schöpp

Ernst Klett Sprachen
Stuttgart

1. Auflage 1 5 4 3 2 1 | 2017 16 15 14 13

Die in diesem Werk angegebenen Links wurden von der Redaktion sorgfältig geprüft, wohl wissend, dass sie sich ändern können. Die Redaktion erklärt hiermit ausdrücklich, dass zum Zeitpunkt der Linksetzung keine illegalen Inhalte auf den zu verlinkenden Seiten erkennbar waren. Auf die aktuelle und zukünftige Gestaltung, die Inhalte oder die Urheberschaft der verlinkten Seiten hat die Redaktion keinerlei Einfluss. Deshalb distanziert sie sich hiermit ausdrücklich von allen Inhalten aller verlinkten Seiten, die nach der Linksetzung verändert wurden. Diese Erklärung gilt für alle in diesem Werk aufgeführten Links.

Internetadresse: www.klett.de / www.lektueren.com

Autor und Berater: Frank Schöpp
Autoren: Janine Bruchet-Collins, Michael Kirchmeir
Redaktion: Simone Roth
Layoutkonzeption: Elmar Feuerbach
Gestaltung und Satz: Eva Mokhlis, Swabianmedia, Stuttgart
Umschlaggestaltung: Elmar Feuerbach
Titelbild: *links* shutterstock (Gareth Kirkland), New York, NY; *rechts* Thinkstock (iStockphoto), München
Druck und Bindung: AZ Druck und Datentechnik GmbH, Heisinger Straße 16, 87437 Kempten/Allgäu

Printed in Germany

ISBN 978-3-12-525614-9

9 783125 256149

Inhaltsverzeichnis

Das kostenlose Audio- und Video-Material für die Aufgaben zum Hör- und Hörsehverstehen (Teil D und E) finden Sie im Internet unter den im Heft angegebenen Online-Links.
Alle Lösungsvorschläge und Hinweise zu den einzelnen Aufgaben finden Sie unter dem Online-Link **i9bp56**. Einfach auf www.klett.de gehen und den gewünschten Online-Link in das Suchfeld eingeben.

Vorwort

Sinngemäße Übertragung von einer Sprache A in eine Sprache B

Ausgelöst durch die Frage nach der Sinnhaftigkeit des Übersetzens im schulischen Unterricht der modernen Fremdsprachen und damit einhergehende Überlegungen bezüglich einer praxisnahen Alternative hat ein Aufgabenformat Einzug in den Französischunterricht gehalten, bei dem eine Information oder ein Textinhalt sinngemäß, und nicht länger wörtlich, von einer Sprache A in eine Sprache B zu übertragen ist. Begründet wird die Integration dieses Aufgabenformates in den Unterricht mit seiner Relevanz im Alltagsleben. Tatsächlich ist in alltäglichen Kommunikationssituationen zwischen Sprechern verschiedener Sprachen in der Regel nicht die wortgenaue Wiedergabe einer Information erforderlich; das sinngemäße Übertragen von mündlichen oder schriftlichen Texten hingegen stellt eine Aktivität dar, die in allen Lebensbereichen wichtig ist, und mit der wir normalerweise sehr viel häufiger konfrontiert werden als mit dem Übersetzen oder Dolmetschen. Beispielsweise übersetzen wir auf einer Klassenfahrt nach Frankreich für einen erkrankten Schüler sehr wahrscheinlich nicht den Beipackzettel eines Medikaments, sondern fassen die für den Patienten relevanten Informationen auf Deutsch zusammenfassen.

Sprachmittlung ist in den Bildungsstandards für den Mittleren Schulabschluss (KMK 2004) ebenso wie in den Bildungsstandards für die fortgeführte Fremdsprache (Englisch / Französisch) für die Allgemeine Hochschulreife (KMK 2012) fest verankert.

Selbstverständlich gibt es Situationen, in denen eine wörtliche Übertragung erforderlich ist, zum Beispiel beim Schließen eines Vertrages. Lernende des Französischen werden allerdings auch nach dem Ende ihrer Schulzeit nur in Ausnahmefällen Verträge auf Französisch schließen. Hingegen werden sie – nicht nur im Rahmen von Aufenthalten im frankophonen Ausland – immer wieder in Situationen geraten, in denen sie zwischen Kommunikationspartnern, die einander nicht oder nur unzureichend verstehen, vermitteln, um den beteiligten Gesprächspartnern die Sprechabsichten des jeweils anderen verständlich zu machen.

Dass die Sprachmittlung, verstanden als das sinngemäße Übertragen von Informationen, auf Grund dieses Anwendungsbezugs im beruflichen sowie im privaten Alltag heute zu Recht in den aktuellen bildungspolitischen Dokumenten fest verankert ist, bedeutet für die schulische Praxis des Französischunterrichts die Notwendigkeit der Integration entsprechender Aufgaben. Ab dem ersten Lernjahr sollten entsprechende mündliche und schriftliche Aufgaben einen festen Platz im Unterrichtsgeschehen einnehmen, wobei selbstverständlich eine Progression von sprachlich einfacheren, kürzeren, sich auf bekannte Texte und Themen beziehenden Aufgaben, zu komplexeren, längeren, größere Transferleistungen erfordernden Aufgaben zu berücksichtigen ist.

Mit dem vorliegenden Heft, das lehrwerksunabhängig einsetzbar ist, möchten wir Ihnen eine praxiserprobte Sammlung von Aufgaben zur Sprachmittlung auf den Niveaustufen A1 bis B2 des GeR für Sprachen vorstellen. Sie finden textbasierte Aufgaben zur Sprachmittlung Deutsch-Französisch bzw. Französisch-Deutsch, inklusive zweier Aufgaben zur interkomprehensionsbasierten Sprachmittlung; heraustrennbare, farbige Rollenspielkarten zur mündlichen Sprachmittlung; Sprachmittlungsaufgaben, die gleichzeitig das Hör- und Hörsehverstehen schulen, sowie eine multimediale Mittlungsaufgabe. Alle Lehrerhinweise und Beispiellösungen erhalten Sie kostenlos über einen Online-Code, ebenso die zusätzlichen, zur Durchführung der Aufgaben benötigten Materialien.

Viel Spaß und Erfolg bei der Umsetzung im Unterricht!

Die Autoren

Definition des Begriffs „Sprachmittlung“

Mit dem Erscheinen des Gemeinsamen europäischen Referenzrahmens für Sprachen (GeR) im Jahr 2001 betritt eine kommunikative Aktivität die fremdsprachendidaktische Bühne, die in der alltäglichen und beruflichen Kommunikation von großer Bedeutung ist und inzwischen eine fest etablierte Größe im Unterricht der modernen Fremdsprachen darstellt: das sinngemäße Sprachmitteln. Ihre Verankerung im Unterricht zeigt sich unter anderem darin, dass sie als Prüfungsformat sowohl im Mittleren Bildungsabschluss als auch in der Abiturprüfung seit einigen Jahren einen festen Platz einnimmt. Nicht immer wird jedoch inhaltlich dasselbe gemeint, wenn von „Sprachmittlung“ gesprochen wird, so dass wir zunächst die Verwendung des Begriffs in der vorliegenden Publikation festlegen: Sprachmittlung, als Synonym verwenden wir auch Mediation, ist der Oberbegriff für verschiedene Formen der mündlichen und schriftlichen Übertragung von Texten aus einer Sprache A in eine Sprache B. Dazu zählt neben der traditionellen Form der – mündlichen oder schriftlichen – textäquivalenten Übertragung bzw. textäquivalenten Sprachmittlung in die oder aus der Fremdsprache auch das sinngemäße Übertragen bzw. sinngemäße Sprachmitteln. Darunter verstehen wir die freie, adressaten-, sinn- und situationsgerechte Übermittlung von Inhalten aus einer Sprache in eine andere.

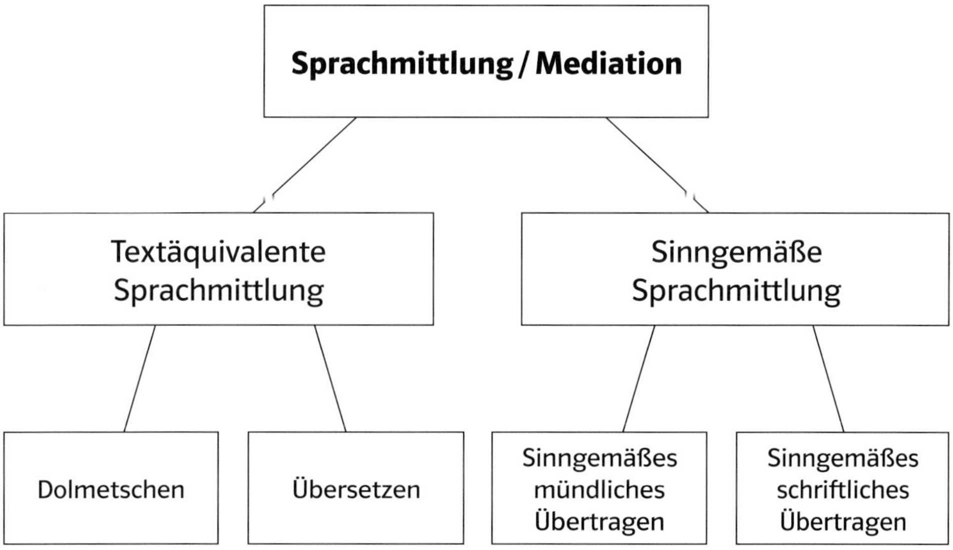

Definition des Begriffs Sprachmittlung

Bei allen Formen der Sprachmittlung sind grundsätzlich verschiedene Sprachrichtungen möglich:

- von der Mutter- bzw. Verkehrssprache in die Fremdsprache;
- von der Fremdsprache in die Mutter- bzw. Verkehrssprache;
- von einer Fremdsprache A in eine andere Fremdsprache B.

Unabhängig von Form und Richtung der Übertragung gilt stets, dass Sprachmittler niemals ihre eigenen Absichten zum Ausdruck bringen, sondern sich als Mittler zwischen Gesprächspartnern betrachten, die einander nicht direkt verstehen können.

Sprachmittlung im Unterricht

Innerhalb des Französischunterrichts spielen das Übersetzen und das Dolmetschen, die neben der Textsortenäquivalenz ebenfalls eine möglichst exakte semantische und pragmatische Übereinstimmung zwischen Ausgangs- und Zieltext anstreben, lediglich eine untergeordnete Rolle. Beide Aktivitäten erfordern in der Regel eine professionelle Ausbildung und sind der Realität der alltäglichen kommunikativen Anforderungen geradezu diametral entgegengesetzt. Letztere bestehen in der effizienten Bewältigung von Situationen, konkret im Sichern der Kommunikation und im Herstellen oder Aufrechterhalten der Handlungsfähigkeit der Beteiligten. In Alltagssituationen tritt somit an die Stelle der für Übersetzungen charakteristischen translatorischen Adäquatheit die kommunikative Adäquatheit, an die Stelle der Beibehaltung der Textsorte und ihrer stilistischen Mittel tritt die Lösung von der Textstruktur des Originaltextes (z.B. indem eigene Worte verwendet oder Strukturen vereinfacht werden), an die Stelle der detailgetreuen Wiedergabe des ganzen Textes tritt die situations- und adressatengetreue Wiedergabe der für ein bestimmtes Interesse wesentlichen Inhalte des Textes.

Sprachmittlung =
- Sichern der Kommunikation
- Aufrechterhalten der Handlungsfähigkeit der Beteiligten

In der Tat ist es schwer vorstellbar, dass wir bei der Begegnung einer französischen Austauschlehrerin mit deutschen Kolleginnen und Kollegen im Lehrerzimmer, die kein Französisch sprechen, als Dolmetscherinnen oder Dolmetscher auftreten und die Äußerungen der Gesprächspartnerinnen bzw. -partner jeweils konsekutiv oder gar simultan dolmetschen. Vielmehr ist davon auszugehen, dass wir die jeweiligen Äußerungen paraphrasieren werden. Auch im Bereich der schriftlichen Sprachmittlung eines in schriftlicher Form vorliegenden Textes ist das freie Zusammenfassen der Informationen im Alltag die Regel. Das text- und wortgenaue Übersetzen ist formalen Kontexten vorbehalten und findet im Unterricht der modernen Fremdsprachen allenfalls punktuell Anwendung, etwa im Rahmen kontrastiver Grammatik- oder Lexikbetrachtung bzw. zur Verständniskontrolle einzelner Wendungen und Textstellen und zum Vergleich mit der Ausgangssprache.

Kommunikative Adäquatheit

Als Grundsätze für das sinngemäße Übertragen können wir somit an dieser Stelle zum einen die Lösung von der Wortebene des Ausgangstextes festhalten, zum anderen – das deutet der Name bereits an – die sinngemäße Wiedergabe der Inhalte. Eine wichtige Abgrenzung zum GeR besteht darin, dass wir im Folgenden den Begriff der „Sprachmittlung" ausschließlich zur Bezeichnung interlingualer Kommunikationsakte verwenden. Werden im Unterricht französischeTexte mündlich oder schriftlich auf Französisch zusammengefasst, liegt unseres Ermessens nach ein intralingualer Kommunikationsakt vor, der nicht in den Bereich der Sprachmittlung fällt. Der GeR hingegen zählt auch „das Zusammenfassen und Paraphrasieren von Texten in derselben Sprache, wenn derjenige, für den der Text gedacht ist, den Originaltext nicht versteht" (GeR, S. 89) zur Sprachmittlung.

Grundsatz des Übertragens:
- Lösung von der Wortebene
- Hinwendung zur sinngemäßen Wiedergabe

Für den Französischunterricht sind folglich hauptsächlich zwei der oben erwähnten vier Formen der Sprachmittlung von Bedeutung: das mündliche sowie das schriftliche sinngemäße Übertragen von Informationen.

Ein Blick in die curricularen Vorgaben der einzelnen Bundesländer bestätigt die Fokussierung auf die beiden genannten Bereiche der Sprachmittlung, die sich darüber hinaus auch in den Bildungsstandards für die fortgeführte Fremdsprache (Englisch / Französisch) für die Allgemeine Hochschulreife wiederfindet. Dort heißt es: „Die Schülerinnen und Schüler können – auch unter Verwendung von Hilfsmitteln und Strategien – wesentliche Inhalte authentischer mündlicher oder schriftlicher Texte, auch zu weniger vertrauten Themen, in der jeweils anderen Sprache sowohl schriftlich als auch mündlich adressatengerecht und situationsangemessen für einen bestimmten Zweck wiedergeben." (KMK 2012, 19)

In der schriftlichen, ab dem Schuljahr 2016/17 in allen Bundesländern auf den Bildungsstandards basierenden und aus zwei Teilen bestehenden Abiturprüfung erstellen die Schülerinnen und Schüler im verpflichtenden Teil ‚Schreiben' einen längeren Text in der Zielsprache. Ergänzt wird diese Sprachproduktion durch einen weiteren, aus zwei Prüfungsaufgaben zu unterschiedlichen Kompetenzbereichen bestehenden Prüfungsteil, der ebenfalls verpflichtend ist. Die beiden Kompetenzbereiche sind aus den folgenden auszuwählen: Hör- bzw. Hörsehverstehen, Sprechen, Leseverstehen und schriftliche bzw. mündliche Sprachmittlung. Eine schriftliche Abiturprüfung im Fach Französisch kann sich demnach beispielsweise – neben dem verbindlichen Prüfungsteil ‚Schreiben' – auf die Kompetenzbereiche Leseverstehen und schriftliche Sprachmittlung oder Hörverstehen und mündliche Sprachmittlung beziehen. Bezüglich der Aufgabenformen für die Sprachmittlung nennen die Bildungsstandards drei Möglichkeiten:
- sinngemäße (schriftliche oder mündliche) Wiedergabe des wesentlichen Inhalts eines oder mehrerer deutscher Ausgangstexte in der Fremdsprache;
- sinngemäße (schriftliche oder mündliche) Wiedergabe des wesentlichen Inhalts eines oder mehrerer fremdsprachiger Ausgangstexte im Deutschen;
- sukzessive Wiedergabe von mündlichen Aussagen.

Lyrische Texte und Texte mit ausgeprägtem stilistischem Anspruch sind als Vorlagen nicht geeignet.

Da das sinngemäße Übertragen und Zusammenfassen sowohl mündlich als auch schriftlich erfolgen kann und die Ausgangstexte mündlich oder schriftlich realisiert sein können, ist es sinnvoll, eine weitere Unterscheidung vorzunehmen zwischen:
- der mündlichen Übertragung schriftlich realisierter Diskurse;
- der mündlichen Übertragung mündlich realisierter Diskurse;
- der schriftlichen Übertragung schriftlich realisierter Diskurse;
- der schriftlichen Übertragung mündlich realisierter Diskurse.

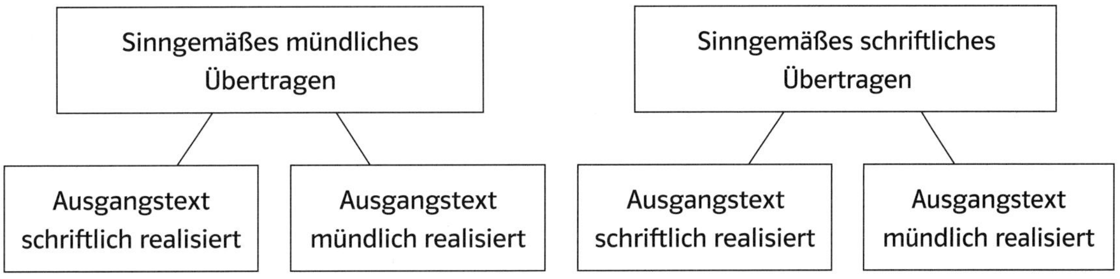

So kann beispielsweise der Inhalt eines an eine Person A gerichteten fremdsprachigen Briefes von einer Person B mündlich auf Deutsch wiedergegeben werden, während die mündlich und auf Deutsch vorgetragene Bitte einer Person A an eine Person B, eine E-Mail an ein Hotel im Urlaubsland zu schicken und dabei verschiedene Wünsche zu formulieren (bspw. ein Zimmer mit Meerblick oder in der Nähe des Pools), von B eine schriftliche Realisierung in der Zielsprache erfordert.

Ziel des Unterrichts: Lernende können in mehrsprachigen Situationen mündlich vermitteln.

Für die Anfangsjahre des Fremdsprachenunterrichts fordern Lehrpläne und Curricula, dass Schülerinnen und Schüler in alltäglichen Kommunikationssituationen sprachmittelnd agieren können, zum Beispiel in einem Restaurant oder einer Bäckerei, und einfache Gebrauchstexte, z.B. Kochrezepte, Reiseprospekte, Werbung, sinngemäß übertragen können. In der Sekundarstufe II besteht das Ziel in der Fähigkeit zur Vermittlung von Informationen und persönlichen Stellungnahmen in mehrsprachigen Situationen in anwendungsbezogenen Zusammenhängen. Die Lernenden sollten am Ende ihrer Schulzeit in der Lage sein, in mehrsprachigen Situationen mündlich vermitteln und Texte in der jeweils anderen Sprache zusammenfassen zu können.

Solche Situationen könnten beispielsweise die folgenden sein:
- das Zusammenfassen von E-Mails oder Briefen von der einen in die andere Sprache;
- das Übertragen der wichtigsten Informationen eines Hotel-Prospektes oder des Internet-Auftritts eines Hotels;
- das Durchführen von Buchungen oder Reservierungen;
- die Inhaltsangabe von Büchern oder Filmen;
- das Zusammenfassen von Zeitungsartikeln;
- im Urlaub zwischen Eltern oder Freunden und Sprechern der Landessprache vermitteln.

Sprachmittlung als kommunikativ-funktionale Fertigkeit

Dass die Sprachmittlung in zahlreichen bildungspolitischen Dokumenten als „Fertigkeit" bezeichnet wird, ist unseres Erachtens nicht unproblematisch, was wir an einem Beispiel zeigen möchten. Stellen wir uns vor, dass eine Französisch lernende Schülerin mit ihren Eltern, die kein Französisch sprechen, in Frankreich Urlaub macht. Im Hotel möchte sich der Vater an der Rezeption darüber beklagen, dass sich das Fenster im Zimmer nicht richtig schließen lässt. Er bittet daher seine Tochter, dem Rezeptionisten den Sachverhalt darzulegen. Die Schülerin muss also eine mündliche Äußerung in der Ausgangssprache verstehen (was in ihrer Muttersprache selbstverständlich kein Problem darstellt), diese paraphrasieren und die Problematik adäquat auf Französisch wiedergeben. Im Anschluss daran gilt es, die auf Französisch formulierte Reaktion des Rezeptionisten zu dekodieren, zu verstehen, eventuell nachzufragen und in der Ausgangssprache angemessen wiederzugeben.

Wie an diesem einfachen Beispiel gut zu sehen ist, wirken Textrezeption und -produktion im Bereich des sinngemäßen Übertragens eng zusammen. Ohne ein gründliches Verständnis des Ausgangstexts kann die Zusammenfassung nicht gelingen. Andererseits kommt ein gutes Textverständnis nicht zum Tragen, wenn die angemessene Versprachlichung der Inhalte auf Grund mangelnder Sprachkenntnisse nicht möglich ist.

Hallet (2008, 4)

Das Schaubild verdeutlicht, dass es sich beim sinngemäßen Übertragen einer Information oder eines Textinhalts um eine komplexe Aktivität handelt, bei der Kombinationen der vier Grundfertigkeiten Hören, Sprechen, Lesen und Schreiben involviert sind.

Kann man aber das sinngemäße Übertragen als „Fertigkeit" bezeichnen, wenn es selbst aus der Kombination rezeptiver und produktiver Fertigkeiten besteht? Zu Recht stellt Rössler (2008, 60) fest, dass die Annahme, die Summe verschiedener Fertigkeiten ergebe wiederum eine Fertigkeit, „wenig Sinn" macht. Wir schlagen daher vor, der Kategorisierung des GeR zu folgen und das sinngemäße Zusammenfassen als eigenständige kommunikative Aktivität zu betrachten, deren integrale Bestandteile sowohl rezeptive als auch produktive Kompetenzen sind.

Sprachmittlung als eigenständige kommunikative Aktivität

Dabei müssen Sprachmittelnde eine Vielzahl von Herausforderungen meistern:
1. den Kommunikationszweck des Textes erkennen;
2. die Qualität der verschiedenen Informationen unterscheiden;
3. die gelesenen / gehörten Informationen auf den Kerngehalt reduzieren;
4. bei der mündlichen sinngemäßen Übertragung im Fall von Unklarheiten nachfragen und um Erklärungen bitten;
5. die für das Gegenüber relevanten Informationen in der Zielsprache zusammenfassen (situations- und adressatengemäß);
6. sprachliche Strukturen im Ausgangstext ggf. vereinfachen (in eigene Worte fassen);
7. Techniken zur Umschreibung unbekannter Wörter anwenden;
8. den Ausgangs- und den Zieltext auf inhaltliche Kongruenz prüfen.

Herausforderungen für die Lernenden

Um in einer konkreten Alltagssituation diese Herausforderungen bewältigen und eine erfolgreiche Sprachmittlung vornehmen zu können, müssen die Lernenden im Rahmen des Französischunterrichts eine Reihe von Teilkompetenzen entwickeln. Die Menge dieser Teilkompetenzen konstituiert die Sprachmittlungskompetenz. In Anlehnung an Hallet (2008) unterscheiden wir zwischen vier Teilkompetenzen:
1. der sprachlich-kommunikativen Kompetenz
2. der interkulturellen Kompetenz
3. der interaktionalen Kompetenz sowie
4. der strategisch-methodischen Kompetenz.

Schwerpunkt des Anfangsunterrichts: Übertragung aus der Fremdsprache ins Deutsche

Die sprachlich-kommunikative Kompetenz

Grundvoraussetzung für das Gelingen sprachmittelnder Aktivitäten sind entsprechende rezeptive und produktive Kenntnisse der Ausgangs- und Zielsprache der Mediatorin bzw. des Mediators, wobei diese kommunikativen Fertigkeiten in der Regel kombiniert anzuwenden sind. Mit Hallet (2008, 4) zählen wir dazu auch „die Fähigkeit, den Kommunikationszweck zu erkennen, auf dieser Grundlage rasch und spontan eine angemessene zielsprachliche Textsorte sowie den Grad der Reduktion, ggf. auch der Expansion festzulegen und zu nutzen".

Selbstverständlich bedeutet dies nicht, dass die Kenntnisse der Lernenden in der Fremdsprache immer auf einem höheren Niveau des GeR, etwa B1, liegen müssen. Auch im Anfangsunterricht hat die sinngemäße Sprachmittlung durchaus ihren Platz, wobei ein Schwerpunkt zunächst auf der Übertragung aus der Fremdsprache ins Deutsche liegen sollte. Hier bieten sich Hinweistafeln, Plakate und Prospekte mit kurzen Sätzen an. Wird Französisch als 3. Fremdsprache gelernt, können die Lernenden oft bereits in der Anfangsphase unter Rückgriff auf ihre zuvor oder parallel erlernten (Fremd-)Sprachen (Englisch und häufig Latein oder Spanisch) die wesentlichen Elemente eines aktuellen Zeitungsartikels verstehen und auf Deutsch paraphrasieren.

Es kommt insbesondere im Unterricht einer in der Mittel- oder Oberstufe einsetzenden Fremdsprache darauf an, die Schülerinnen und Schüler regelmäßig zu interlingualen Vergleichen zu ermutigen, sie beim Erschließen scheinbar unbekannten Sprachmaterials zu unterstützen und ihnen deutlich zu machen, dass sie in der neuen Sprache keine „Null-Anfänger" sind. Werden diese Prinzipien berücksichtigt, spricht nichts dagegen, die Lernenden auch in den Anfangsphasen ihres Französischunterrichts mit einem sprachlich nicht zu anspruchsvollen Zeitungsartikel zu konfrontieren und sie auf Deutsch die Informationen zusammenfassen zu lassen, die sie verstanden haben. Selbstverständlich setzt eine komplexere Mediation zwischen Sprechern unterschiedlicher Sprachen sowohl rezeptive als auch produktive Kenntnisse in beiden Sprachen voraus.

Die interkulturelle Kompetenz

Interkulturelle Kompetenz = Bewusstsein für sprachliche und soziale Gewohnheiten

In der Mutter- wie in der Fremdsprache werden Verständigungsprozesse nicht allein durch die explizit geäußerten Zeichen gesteuert. Neben den Bedingungen der Situation wirken vor allem Subtexte, die sich unter anderem der kulturellen Einbindung der Beteiligten verdanken, entscheidend mit. Rössler (2009b, 177) zufolge gilt interkulturelle Kommunikationsfähigkeit „heute auch als eine – wenn nicht als die – herausragende Querschnittsaufgabe schulischer und außerschulischer Bildungsarbeit". Ein gut entwickeltes interkulturelles Problembewusstsein ist daher für die Mediatoren von großer Wichtigkeit. Dazu zählen z. B. ein Bewusstsein für sprachliche und soziale Gewohnheiten in beiden Sprachen oder auch ein Gespür dafür, wann es erforderlich ist, die sprachliche Äußerung eines Sprechers A durch zusätzliche Informationen zu ergänzen, damit Sprecher B sie richtig verstehen kann. Wenn eine Sprachmittlerin bzw. ein Sprachmittler im Zusammenhang mit dem französischen *lycée* lediglich von „Gymnasium" spricht, stellt dies eine falsche Gleichsetzung des deutschen und des französischen Schulsystems dar. Sie / er müsste an dieser Stelle ergänzen, dass in Frankreich alle Jugendlichen nach der fünfjährigen Grundschule vier Jahre gemeinsam das *collège* besuchen und erst danach die Möglichkeit besteht, für weitere drei Jahre ein *lycée* zu besuchen und das *baccalauréat* zu erwerben.

Die interaktionale Kompetenz

Hierbei handelt es sich um eine soziale Kompetenz. Wie Hallet (2008, 5) betont, muss die Mediatorin bzw. der Mediator „nicht nur die Anforderungen und Besonderheiten einer sozialen Situation erfassen können, sondern auch das Verhältnis der beteiligten Personen zueinander, deren Handlungs- oder Kommunikationsziele, deren Interessen und deren Vorwissen". An dieser Stelle werden die Parallelen zur Mediation, verstanden als Verfahren zur konstruktiven Beilegung oder Vermeidung eines (beispielweise schulischen) Konfliktes, offensichtlich.

Parallelen zur Mediation von Konflikten

Die Konfliktparteien – Medianden genannt – wollen mit Unterstützung einer dritten unparteiischen Person – der Mediatorin bzw. dem Mediator – zu einer einvernehmlichen Vereinbarung gelangen, die ihren Bedürfnissen und Interessen entspricht. Ein interaktional kompetenter Mediator muss selbstverständlich auch darauf achten, eigene Interessen und Ziele nicht in seine sprachmittelnden Aktivitäten einfließen zu lassen.

Die strategisch-methodische Kompetenz

Aufgaben zum sinngemäßen Übertragen können auf Grund ihrer Komplexität nicht ohne ein Mindestmaß an strategisch-methodischen Kompetenzen bewältigt werden. In mündlichen Kommunikationssituationen spielt beispielsweise das Antizipieren von Äußerungen (auf die letzte Äußerung von A wird B wahrscheinlich aggressiv / beleidigt / traurig usw. reagieren) und das permanente Überwachen der Kommunikationssituation (Hat B verstanden, was A gefragt hat? Muss ich etwas ergänzen, damit B die Position von A versteht?) eine wichtige Rolle, die mit den Lernenden trainiert werden muss.

Von besonderer Bedeutung sowohl für das mündliche als auch für das schriftliche sinngemäße Übertragen sind die Kommunikationsstrategien, die es der Sprachmittlerin bzw. dem Sprachmittler erlauben, bei der Übertragung von der Mutter- in die Fremdsprache eigene lexikalische Lücken zu kompensieren, beispielsweise durch Umschreibungen.

Wie Rössler (2009a, 165) unter Verweis auf empirische Arbeiten der vergangenen zehn Jahre zu Recht hervorhebt, besteht begründeter Anlass zu der Annahme, „dass ein bewusster Strategieeinsatz bei allen Fremdsprachenlernern effektives Sprachenlernen fördert, dass aber insbesondere schwache und unerfahrene Fremdsprachenlerner von einem expliziten Strategientraining profitieren". Wir sind daher überzeugt, dass der bewusste und sukzessive Aufbau von strategischen Kompetenzen eine sinnvolle Etappe auch auf dem Weg zur Ausbildung der Sprachmittlungskompetenz darstellt.

Strategientraining zur Kompensation lexikalischer Lücken

Neben fertigkeitsbezogenen und sozialen Strategien haben sich Kommunikationsstrategien in der schulischen Praxis als essentiell für das erfolgreiche sinngemäße Übertragen erwiesen. Tatsächlich stellen Unterrichtende in der Regel übereinstimmend die Vereinfachung komplexer Wendungen sowie den kreativen Umgang mit nicht übersetzbaren Ausdrücken / Wendungen (auch Phraseologismen, z.B. dt. *ein dickes Fell haben* oder *den Nagel auf den Kopf treffen*) als die größten Herausforderungen dar, denen sich ihre Lernerinnen und Lerner im Zusammenhang mit Aufgaben zum sinngemäßen Übertragen stellen müssen.

Kommunikationsstrategien wie z. B. Vereinfachen und Paraphrasieren

Die Vereinfachung komplexer Wendungen und das Paraphrasieren unbekannten Vokabulars bedürfen eines intensiven Trainings und sind vor allem in den beiden ersten Lernjahren, wenn der Spracherwerb der Schülerinnen und Schüler noch im Vordergrund steht, unentbehrlich. In höheren Klassenstufen werden diese Kompetenzen in der Regel vorausgesetzt, denn schließlich handelt es sich bei der Fähigkeit, in der Kommunikation mit anderen Sprechern eine lexikalische Lücke in der Fremdsprache durch eine Umschreibung zu kompensieren, um eine Basiskompetenz, die der allgemeinen Ausdrucksfähigkeit dient. Strategien zur Umschreibung oder Vereinfachung sprachlicher Äußerungen können – besonders zu Beginn des Spracherwerbs – isoliert trainiert werden.

Grundsätzlich gilt jedoch, dass bei weiter entwickelten funktional-kommunikativen Kompetenzen die Schulung der Übertragungskompetenz an realistischen Aufgaben, die bewusst nicht mit dem bekannten Vokabular gelöst werden können, erfolgen sollte. Die Liste der nachfolgend vorgestellten Strategien ist keineswegs als vollständig zu verstehen, sie enthält jedoch die Kommunikationsstrategien, die unseren Erfahrungen zufolge Schülerinnen und Schüler durch regelmäßiges Training nach vergleichsweise kurzer Zeit erfolgreich anwenden können.

Im Einzelnen sind das:

Strategie	**Ausgangstext**	**Entsprechung**
1. Ähnliche Begriffe suchen, die in einem bestimmten Kontext ohne Bedeutungsveränderung verwendet werden können.	Sie betritt das Zimmer. Das ist ein draufgängerischer Mann.	Elle entre dans la chambre. → Elle va dans la chambre. C'est un homme fonceur. → C'est un homme actif, audacieux, courageux, dynamique, énergique.
2. Negierte Gegenteile (Antonyme) verwenden.	ein bescheidener Junge ein langweiliger Film	un garçon modeste → pas arrogant, pas orgueilleux, pas prétentieux un film ennuyeux → pas amusant / intéressant
3. Ein Wort oder eine Äußerung in einem ganzen Satz erklären.	Er sucht eine Reinigung. Das ist ein Zugvogel.	Il cherche un pressing. → Il cherche un magasin où l'on peut faire laver et repasser ses vêtements. C'est un oiseau migrateur. → C'est un oiseau qui se déplace selon la saison d'une région à une autre. À l'automne, il vont dans des régions plus chaudes pour y passer l'hiver.
4. Ein Wort mit Hilfe eines Oberbegriffs erklären.	eine Amsel Zimt und Ingwer	un merle → une espèce d'oiseau de la cannelle et du gingembre → des épices
5. Wörter aus derselben Wortfamilie verwenden.	eine schlaflose Nacht verkäuflich	une nuit blanche → une nuit dans laquelle on ne peut pas bien dormir vendable → qc que l'on peut vendre
6. Sätze vereinfachen, ohne dass dabei der Sinn verloren geht.	Dem Tiger ist es gelungen, die Tür seines Käfigs zu öffnen, die drei Meter hohe Absperrung zu überwinden und aus seinem Gehege zu fliehen.	Le tigre a réussi à ouvrir la porte de sa cage, à sauter les barrières qui font trois mètres de haut et à s'échapper de son enclos. → Le tigre a pu quitter sa cage.

Grundprinzipien der Sprachmittlung

Für den Einsatz der in diesem Heft vorgestellten Aufgaben gelten – ebenso wie für alle anderen Aufgaben zur Sprachmittlung – die folgenden Grundprinzipien:

Sinnvolle Integration der Mediation in die Unterrichtsthematik

Texte, die in keinem Zusammenhang zum Thema des Unterrichts stehen, sollten nicht als Vorlagen für Sprachmittlungsaufgaben herangezogen werden. Eine erfolgreiche Mediation setzt auf Seiten der Lernenden stets einen sicheren Umgang mit dem benötigten Wortschatz voraus. Daher ist darauf zu achten, dass Sprachmittlungsaufgaben thematisch zu zuvor bearbeiteten Texten passen.

Realitätsnahe Situation:

Fremdsprachenunterricht findet immer in einem künstlichen Rahmen statt, dennoch sollten Unterrichtende auf einen thematischen Rahmen für Sprachmittlungsaufgaben achten, der sich durch eine große Realitätsnähe auszeichnet, denn nur solche Aufgaben werden von den Lernenden auch ernst genommen.

Berücksichtigung der kommunikativen Ausrichtung der Mediation

Für die Schülerinnen und Schüler muss klar erkennbar sein, warum in einer gegebenen Situation eine Mediation notwendig ist und wer die beteiligten Kommunikationspartner sind. Damit die Sprachmittlung erfolgreich ist, bedarf es auf Seiten des Mediators zudem eines Mindestmaßes an Informationen bezüglich der Kommunikationsziele der Gesprächspartner. Eine Grundregel in diesem Kontext lautet: Informationen sind nie an sich wichtig, sondern immer nur im Hinblick auf einen bestimmten Zweck oder Adressaten.

Authentische Textquellen

Unter „authentischen Textquellen" sind nicht-lehrintentionale Texte zu verstehen, d.h. Texte, die von Muttersprachlern für Muttersprachler produziert werden. Da es das Ziel ist, die Lernenden zu einer kompetenten Sprachverwendung in Alltagssituationen anzuleiten, sollte möglichst auf didaktisierte Materialien verzichtet werden. Die Schülerinnen und Schüler müssen den Umgang mit authentischer Sprache üben und Sicherheit darin gewinnen, um bei einer realen Begegnungssituation mit zu erwartenden Schwierigkeiten, etwa dem Vorkommen unbekannter Vokabeln, entsprechend umgehen zu können.

Realistische und präzise Aufgabenstellungen

Kommunikative Sprachmittlungsaufgaben sollten möglichst eindeutige Antworten evozieren. Eine formale Übereinstimmung zwischen Ausgangstext und Zieltext kann dabei keinesfalls ein anzustrebendes Ziel sein; vielmehr ist eine „Übertragungsleistung" gefordert, die sich hinsichtlich der Form an „Art, Umfang und Differenziertheit der zu übermittelnden Kommunikationsinhalte" (Hallet 2008, 7) orientiert. Die Aufgabenstellung gibt eindeutig an, wie selektiv oder global der zu übertragende Text zu lesen ist. Gebauer / Kieweg (2008, 21) weisen zu Recht darauf hin, dass die zu sprachmittelnden Texte „auch Informationen enthalten [müssen], die für die Aufgabenstellung irrelevant sind, da man sonst das Dolmetschen [bzw. das Übersetzen], aber nicht das Sprachmitteln trainieren würde". In Bezug auf die Präzision der Aufgabenstellung ist zudem festzuhalten, dass für die Lernenden eindeutig erkennbar sein sollte, ob der Inhalt eines Textes mündlich oder schriftlich zu sprachmitteln ist. Zudem muss die geforderte Textsorte für die Lernenden klar zu erkennen sein.

Transparente Bewertungskriterien

Bei der Bewertung von Sprachmittlungsaufgaben empfiehlt sich grundsätzlich die Unterscheidung zwischen einer sprachlichen Ebene, „langue", und einer kommunikativen Ebene, „contenu" – „stratégies". Grundsätzlich gilt auch hier, dass sich guter Unterricht unter anderem durch eine hohe Transparenz der Kriterien zur Bewertung und Beurteilung schulischer Leistungen auszeichnet. Da die Hauptleistung der Lernerinnen und Lerner auf der sprachlichen Ebene liegt, ist es ratsam, für den Bereich „Sprache" 6 Bewertungseinheiten (BE) anzusetzen und für den Bereich „Inhalt" / „Strategien" 4 BE. Bei der sprachlichen Umsetzung werden selbstverständlich nicht allein die Sprachrichtigkeit, sondern ebenfalls das Ausdrucksvermögen und die Vielfalt der verwendeten sprachlichen Mittel bewertet. Auf Grund der vergleichsweise starken Aufgabenlenkung ist im Bereich der Niveaustufen A1 und A2 des GeR eine deutlichere Akzentuierung der sprachlichen Leistung denkbar.

Sprachmittlung und Mehrsprachigkeit

Angesichts der Vielzahl mehrsprachiger Kommunikationssituationen, die unseren Alltag prägen und inzwischen ein Charakteristikum – nicht nur – europäischer Gesellschaften sind, sollten auch mehrsprachigkeitsdidaktische Ansätze in Aufgabenformaten zum sinngemäßen Übertragen einen festen Platz im Fremdsprachenunterricht einnehmen. Als Sprachmittler zwischen Sprechern zweier Fremdsprachen aktiv zu werden, ist selbstverständlich ungleich anspruchsvoller, als zwischen Sprechern einer Fremdsprache und der eigenen Muttersprache zu vermitteln. Da im Sprachmittlungsprozess neben der fremdsprachigen Text*rezeption* auch die fremdsprachige Text*produktion* eine bedeutende Rolle spielt, sind Situationen, in denen zwischen Sprechern verschiedener Fremdsprachen vermittelt werden muss, vor allem unter dem Aspekt der Ausbildung einer *produktiven* Mehrsprachigkeit von Relevanz. Für den Französischunterricht bieten sich in erster Linie Aufgaben in Verbindung mit a) dem Englischen und b) einer romanischen Sprache an.

In der Regel ist schülerseitig nach den beiden ersten Jahren des Französischunterrichts ein Motivationsdefizit zu verzeichnen, auf dessen Gründe hier nicht näher eingegangen werden kann, das aber zumindest in Teilen in den Anstrengungen und Schwierigkeiten begründet sein dürfte, die viele Schülerinnen und Schüler – vor der Kontrastfolie des Englischen – mit dem Erlernen des Französischen assoziieren. Ein zeitlich begrenztes Arbeiten mit dem Englischen im Französischunterricht kann – ebenso wie das temporäre Zulassen des Französischen im Englischunterricht – für einige Lernenden eine Motivation bedeuten und vermag im günstigsten Fall das Interesse am Französischunterricht zu steigern. Denkbar wären im frankophonen Ausland angesiedelte Sprachkontaktsituationen, in denen die Lernerinnen und Lerner beispielsweise zwischen einem ausschließlich Französisch sprechenden Kellner und einer Englisch sprechenden Touristin, die über keine Fremdsprachenkenntnisse verfügt, vermitteln.

Insbesondere für den Französischunterricht in höheren Klassenstufen, in denen die Schülerinnen und Schüler über rezeptive und produktive Kenntnisse auf dem Niveau B1 des *GeR* sowie umfangreiche Sprachlernerfahrungen verfügen, bietet sich die Arbeit mit Texten in anderen romanischen Sprachen, vor allem dem Italienischen, dem Katalanischen und dem Spanischen, an. Auf Grund der zahlreichen lexikalischen und syntaktischen Parallelen innerhalb der Romania können Lernende des Französischen mit Hilfe der Interkomprehensionsdidaktik eine Vielzahl romanischsprachiger Texte zumindest in Teilen verstehen. Zwei Aufgaben, die interkomprehensives Arbeiten mit dem sinngemäßen Übertragen von Informationen verknüpfen, finden sich – am Beispiel je eines italienischen und spanischen Textes – in diesem Heft (vgl. Teil B). Wir möchten Lehrende dazu ermutigen, mehrsprachige Sprachmittlungsaufgaben als eine sinnvolle Bereicherung des Französischunterrichts zu betrachten, denn wir sind davon überzeugt, dass die gelegentliche Beschäftigung mit einem englischen oder romanischsprachigen Text dem Französischunterricht nicht schadet, sondern vielmehr eine Bereicherung für beide Sprachen sowie die Entwicklung des Sprachenlernbewusstseins darstellt.

Bibliografie

- Europarat / Rat für kulturelle Zusammenarbeit (ed.). 2001. *Gemeinsamer europäischer Referenzrahmen für Sprachen: Lernen, lehren, beurteilen*. Übers. von Jürgen Quetz et al. Berlin: Langenscheidt.
- Gebauer, Stephanie / Kieweg, Werner. 2008. „‚Frag ihn bitte mal für mich ob, …'. Sprachmittlungsaufgaben erstellen und bewerten", in: *Der fremdsprachliche Unterricht Englisch* 42, H. 93, 20-27.
- Hallet, Wolfgang. 2008. „Zwischen Sprachen und Kulturen vermitteln. Interlinguale Kommunikation als Aufgabe", in: *Der fremdsprachliche Unterricht Englisch* 42, H. 93, 2-7.
- Kultusministerkonferenz (2004): *Bildungsstandards für die erste Fremdsprache (Englisch/Französisch) für den Mittleren Schulabschluss*. Beschluss der Kultusministerkonferenz vom 4.12.2003. http://www.kmk.org/fileadmin/veroeffentlichungen_beschluesse/2003/2003_12_04-BS-erste-Fremdsprache.pdf (12.5.2013)
- Kultusministerkonferenz. 2012. *Bildungsstandards für die fortgeführte Fremdsprache (Englisch / Französisch) für die Allgemeine* Hochschulreife. Beschluss der Kultusministerkonferenz vom 18.10.2012. http://www.kmk.org/fileadmin/veroeffentlichungen_beschluesse/2012/2012_10_18-Bildungsstandards-Fortgef-FS-Abi.pdf (12.5.2013).
- Rössler, Andrea. 2008. „Die sechste Fertigkeit? Zum didaktischen Potenzial von Sprachmittlungsaufgaben im Französischunterricht", in: *Zeitschrift für Romanische Sprachen und ihre Didaktik* 2, H. 1, 53-77.
- Rössler, Andrea. 2009a. „Strategisch sprachmitteln im Spanischunterricht", in: *Fremdsprachen Lehren und Lernen* 38, 158-174.
- Rössler, Andrea. 2009b. „Sprache und interkulturelle Kommunikation im modernen Fremdsprachenunterricht", in: Klaeger, Sabine / Thörle, Britta (edd.): *Sprache(n), Identität, Gesellschaft. Eine Festschrift für Christine Bierbach*. Stuttgart: Ibidem, 177-187.

Préparer un week-end à Paris (D > F + F > D)

Material

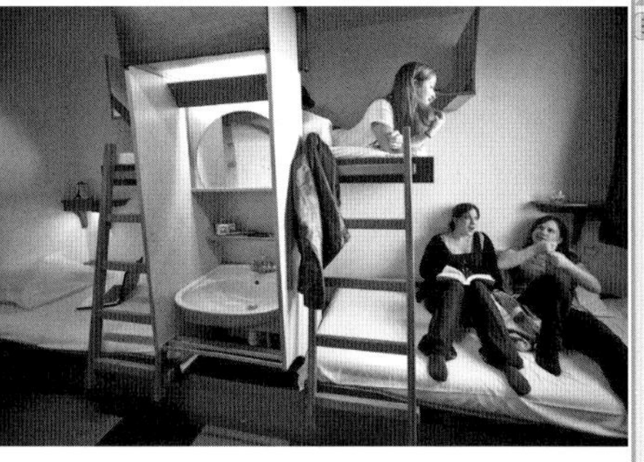

PARIS – LE D'ARTAGNAN

LE MONDE ENTIER S'Y RETROUVE

80, rue Vitruve
75020 - Paris
tél (33)(0)1 40 32 34 56
fax (33)(0)1 40 32 34 55
paris.le-dartagnan@fuaj.org

Ouverture :
Toute l'année , 24h/24
Accueil : 8h–00h30 du matin
Petit déjeuner de 7h–11h
Restauration du soir de 18h30–21h

Auberge adaptée aux :
✓ Familles, Groupes

Cartes de crédit :
✓ Cartes de crédit acceptées à l'auberge

Présentation :
Plus grande Auberge de France, l'Auberge de Jeunesse « Le d'Artagnan » dispose de 3 salles de réunion, dont un amphi de 100 places, d'un bar « le DOCKSIDE », de 6 bornes Internet en accès libre, d'un cinéma gratuit, d'une boutique de souvenirs, de lockers et d'une laverie automatique.

Infos pratiques – Comment accéder à l'Auberge ?

Train
Gare SNCF « Gare du Nord » et « Gare de l'Est » à 5 km

Aéroport
Les 2 aéroports de Paris, à savoir Orly et Roissy CdG, sont facilement accessibles depuis l'auberge.

Bus
Ligne 26, 57, arrêt « Vitruve » à 100 mètres.
Ligne 351, arrêt « Porte de Bagnolet » à 300 mètres.

Métro
Ligne 3, direction Gallieni, station « Porte de Bagnolet » à 5 minutes.

http://www.fuaj.org/Paris-le-d-artagnan

ISBN 978-3-12-525614-9

Aufgaben

Niveau A1 / A2 – à l'écrit (F > D)

Dein Vater ist auf der Suche nach einer günstigen Unterkunft in Paris für einen Erwachsenen und zwei Kinder. In den Sommerferien will er mit dir und deiner großen Schwester nach dem Badeurlaub an der Atlantikküste ein Wochenende in der französischen Hauptstadt verbringen. Da du der / die einzige bist, der / die etwas Französisch spricht, bittet dich dein Vater, einige Informationen über die größte Jugendherberge in Paris durchzulesen und ihm folgende Fragen zu beantworten:

- *Ist die Jugendherberge Anfang August geöffnet?*
- *Mit welchen öffentlichen Verkehrsmitteln kann man die Jugendherberge am besten erreichen?*
- *Können wir abends gegen 21.00 Uhr noch einchecken?*
- *Um wie viel Uhr gibt es Frühstück?*
- *Können wir nach dem Check-In noch eine Kleinigkeit dort essen?*
- *Kann man mit Kreditkarte bezahlen?*
- *Wie weit ist die Jugendherberge vom Bahnhof « Gare de l'Est » entfernt, von dem aus wir zurück nach Deutschland fahren?*

Da dein Vater derzeit auf Geschäftsreise unterwegs, schreibst du ihm (auf Deutsch) eine kurze Mail, in der du ihm antwortest.

Niveau A1 / A2 – à l'oral (F > D)

Tu aimerais passer une semaine à Paris en août avec ta famille. Comme il n'y a que toi qui parle un peu français tes parents t'ont demandé de chercher un logement pas trop cher. Sur Internet tu trouves une auberge de jeunesse assez bon marché. Pendant que tu regardes le site web ton frère te pose des questions :

- *Ist die Jugendherberge im August geöffnet?*
- *Wie kommt man vom Bahnhof dorthin?*
- *Um wie viel Uhr gibt es Frühstück?...*

Jouez la situation à deux.

Niveau B1 – à l'écrit (D > F)

Ton père voudrait faire une réservation à l'auberge de jeunesse « Le d'Artagnan » parce qu'il voudrait passer un week-end à Paris avec toi et ta grande sœur.
Comme il a quelques questions mais ne parle pas français, il te demande de l'aider :

„Könntest du bitte eine E-Mail an die Jugendherberge schreiben und Folgendes in Erfahrung bringen: Der Zug von Bordeaux kommt erst spät in Paris an, so gegen 21.30 Uhr. Geht es überhaupt, dass wir um diese Zeit noch einchecken? Wenn wir dann noch etwas zu essen bekommen würden, wäre das natürlich spitze. Am Tag unserer Abreise müssen wir schon am 8.00 Uhr am Bahnhof sein. Wäre toll, wenn wir dann schon um 6.30 Uhr frühstücken könnten...
Könntest du dann bitte auch noch in Erfahrung bringen, wie wir am besten von der Jugendherberge zum Bahnhof « Gare de l'Est » kommen? Und noch was: Mich interessiert natürlich, ob ich in der Herberge am Samstagnachmittag das FC-Bayern-Spiel ansehen kann. Kannst du da bitte mal nachfragen?"

Écris (en français) un mail à l'accueil de l'auberge dans lequel tu poses toutes les questions de ton père. Fais attention à la forme correcte de ton mail !

ISBN 978-3-12-525614-9

Une excursion au SEA LIFE (D > F)

Material

Besuchen Sie Deutschlands größtes Aquarium!

Im SEA LIFE München folgen Sie dem Lauf der Isar. Ab der Quelle im Karwendelgebirge, über die Donaus bis ins Schwarze Meer, den Mittelmeerhafen und bis in den tropischen Ozean können die Besucher die einzigartige Vielfalt der Meeresbewohner erleben.

SEA LIFE MÜNCHEN ®

Das Münchener Großaquarium im Olympiapark bietet Ihnen einzigartige Einblicke in die artenreiche und faszinierende Unterwasserwelt. Eine besondere Attraktion ist der 10 Meter lange Unterwassertunnel, der Sie tief auf den Meeresgrund entführt, wo Haie und verschiedenste bunte Riffbewohner majestätisch an Ihnen vorübergleiten.

Die Mission Hai

In der MISSION Hai können Sie außerdem in die größte Hai-Vielfalt Deutschlands mit über 20 verschiedenen Hai-Arten abtauchen. Lernen Sie Pyjamahaie, Schwarzspitzen-Riffhaie oder japanische Teppichhaie kennen und begleiten Sie die faszinierenden Meeresbewohner durch drei interaktive Entdeckungszonen auf ihrer atemberaubenden Reise durchs Leben. Auch die Ammenhaie Bonnie und Carlos freuen sich auf die Besucher. Lernen Sie das Zuhause der mythenumwobenen Tiere kennen, sowie ihre Anatomie und die Gefahren kennen, die sie bedrohen und helfen Sie bei der MISSION Hai: Erhalten. Retten. Beschützen.

Grüne Meeresschildkröte

Auch Bayerns einzige Meeresschildkröte Gonzales freut sich auf Ihren Besuch.
Die Grüne Meeresschildkröte genießt eine weite Verbreitung und ist in den subtropischen und tropischen Meeren des Pazifiks, Atlantiks und Indischen Ozeans anzutreffen. Im Gegensatz zu Fischen müssen Schildkröten an die Luft um zu atmen. Eine bemerkenswerte Eigenschaft der Schildkröten ist, dass die Weibchen Tausende von Kilometern über die Weltmeere schwimmen, um ihre Eier auf dem gleichen Strand abzulegen, wo sie geboren wurden.

Une tortue de mer verte

Was gibt es hier zu entdecken?

Schauen Sie unseren Aquaristen zu, wie sie unsere Meeresschildkröte Gonzales mit Broccoli, Kopfsalat und Gurken füttern.
Finden Sie heraus, warum die Grüne Meeresschildkröte Vegetarierin ist.
Beobachten Sie von unserem Unterwassertunnel oder vom Panoramafenster aus, wie Gonzales sanft durch das 400.000 Liter Wasser fassende tropische Ozeanbecken gleitet. Erfahren Sie, warum diese Art der Schildkröten gefährdet ist.

Führung für Schulklassen

Für Schulklassen können spezielle Führungen durch die Unterwasserwelt gebucht werden. Preise und aktuelle Angebote entnehmen Sie bitte der Homepage www.sealife.de. Sie finden das SEA LIFE München direkt im Olympiapark:
Willi-Daume-Platz 1, 80809 München

http://www.visitsealife.com

ISBN 978-3-12-525614-9

Aufgaben

Niveau A1 - à l'oral

Du hast Besuch von deinem/r französischen Austauschschüler/in. Im Internet sucht ihr nach einer interessanten Ausflugsmöglichkeit. Als ihr auf der Website von SeaLife landet und das Logo zu sehen ist, fragt dich dein/e Austauschschüler/in, was man dort machen kann. Beschreibe 2 – 3 Aktivitäten.
Spielt den Dialog zu zweit.

l'échange *(m)* scolaire = Schüleraustausch

Niveau A2 – à l'écrit

Tu participes à l'échange scolaire de ton collège. Vos correspondants français vont bientôt venir vous rendre visite en Allemagne. Votre professeur de français veut que vous aidiez à organiser le programme de la semaine.
Avec Chloé, une élève française, tu es responsable de la sortie au SEA-LIFE-Center, un grand aquarium. Ton professeur te donne des informations qu'il a trouvées sur Internet et te demande de répondre à un mail de Chloé qui est très curieuse.
Elle a posé les questions suivantes :

- *Est-ce qu'il y a des visites guidées pour des groupes scolaires ?*
- *Est-ce que tu sais combien coûte l'entrée au SEA LIFE par personne ?*
- *Qu'est-ce qu'on peut voir pendant une visite guidée ?*
- *Est-ce qu'il y a quelque chose de spécial à voir?*

Écris un mail à Chloé et réponds à toutes ses questions. Fais attention à la forme correcte de ton mail !

curieux, curieuse = neugierig

la visite guidée = Führung

Niveau A2 – à l'oral

Ton père a un nouveau collègue de travail qui est Français. Avec les deux familles, vous voulez faire une excursion le dimanche. Comme les enfants français adorent la mer, tu proposes d'aller voir le SEA LIFE.
Tu aides le père français à préparer la visite parce qu'il ne parle pas bien l'allemand.
Il veut savoir :

- *quelles activités le SEA LIFE propose ;*
- *si on peut voir des tortues marines ;*
- *s'il y a une exposition sur la mer en ce moment ;*
- *s'il y a quelque chose de spécial à voir ;*
- *s'il y a un restaurant au SEA LIFE.*

Jouez le dialogue à deux.

la tortue marine = die Meeresschildkröte

Niveau B1 – à l'écrit

En classe de français, vous préparez la visite de vos correspondants français. Vous voulez faire des propositions pour que les Français décident eux-mêmes de ce qu'ils feront le week-end. Rédigez une affiche qui résume ce qu'on peut faire au SEA LIFE. Soyez créatifs – et ajoutez des dessins !

ISBN 978-3-12-525614-9

Une tradition délicieuse : la « Galette des Rois » (D > F + F > D)

Material

Recette – Galette des Rois express

Ingrédients :

pâte feuilletée
125g de sucre
150g de beurre fondu
2 œufs
200g d'amandes en poudre
rhum

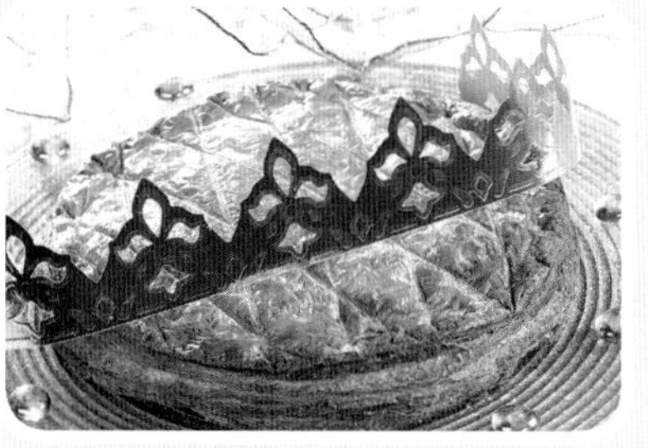

En France, le jour de la Fête des rois, la tradition veut que l'on fasse un gâteau dans lequel on met une fève. Dans le Nord de la France, c'est une galette feuilletée ronde, plate et dorée, fourrée à la frangipane. Dans le Sud et le Sud-ouest de la France, c'est-à-dire en Provence, c'est un gâteau ou une brioche en forme de couronne, fourrée aux fruits confits.

Préparation pour 5 personnes :

Mélangez 125g de sucre, 150g de beurre fondu, 2 œufs et 200g d'amandes en poudre.
Ajoutez un peu de rhum.
Versez le tout sur la pâte feuilletée découpée en forme de disque. N'oubliez pas de cacher la fève dans le mélange. Puis recouvrez avec un deuxième disque de pâte feuilletée. Dorez la galette avec un jaune d'œuf et mettez-la au four à 200°C pendant 25 minutes.
Bon appétit !

Strategie:
Achte besonders darauf, dir unbekannte Wörter ohne das Wörterbuch zu erschließen. Bei Unsicherheiten kannst du deine Lehrkraft fragen!

Beispiele:
le beurre fondu
Hast du schon einmal Käsefondue gegessen (= geschmolzener Käse)?
Richtig, das Verb *fondre* heißt schmelzen!

les amandes
Vielleicht hast du schon einmal das englische Wort *almonds* für Mandeln gehört?

la pâte feuilletée
La pâte ist mit Paste und Pasta verwandt und heißt Teig. Der zweite Teil des Ausdrucks kommt dir sicher von *la feuille* (das Blatt) bekannt vor. Die Kombination bezeichnet dann natürlich den… Blätterteig!

Aufgaben

Niveau A1 – à l'écrit (F > D)

Deine Großmutter hat im Fernsehen gesehen, dass im Januar in Frankreich die « Galette des Rois » auf den Tisch kommt. Wer beim Verzehr dieses „Dreikönigskuchens" auf die « fève » stößt (eine kleine Figur oder eine Bohne, die in die Galette eingebacken wird), darf eine Krone aufsetzen und sich für den Rest des Tages eine Königin bzw. einen König aussuchen. Diesen Brauch findet deine Großmutter so toll, dass sie selbst eine Galette backen möchte. Sie hat schon eine grobe Vorstellung, wie man sie zubereitet, ist aber noch unsicher, welche Zutaten man braucht. Im Internet findest du ein französisches Rezept.
Schreibe deiner Großmutter eine Einkaufsliste, auf der du notierst, welche Zutaten sie für eine Galette besorgen muss.

Niveau B1 – à l'oral (F > D)

Ta grand-mère aimerait faire elle-même une Galette des Rois. Pour l'aider tu as imprimé une recette française que tu as trouvée sur Internet. Dans la cuisine, tu expliques de quels ingrédients on a besoin et comment on doit préparer la pâte pour la galette. N'oublie pas de lui expliquer qu'elle doit y cacher une fève et explique-lui pourquoi c'est important. Quand ta grand-mère n'a pas bien compris ce qu'elle doit faire elle te pose des questions.
Jouez la situation à deux.

ISBN 978-3-12-525614-9

Alternative Niveau B2 – à l'écrit (D > F)

Während eines Aufenthalts bei Ihrer französischen Freundin / Ihrem französischen Freund haben Sie miterlebt, wie eine « Galette des Rois » serviert wurde. Sie überlegen nun, welche kulinarischen Traditionen in den ersten Wochen des Jahres in Deutschland gegessen werden.
Bei einer Recherche im Internet stoßen Sie auf die „Faschingskrapfen", die an manchen Orten auch „Pfannkuchen" oder „Kreppel" heißen.
Lesen Sie den folgenden Text dazu.

Mythen und Wahrheiten über den Faschingskrapfen.

Über Herkunft und Herstellung des Berliner Pfannkuchens.
Spätestens seit die letzten Weihnachtsplätzchen aus den Bäckereien verschwunden sind, sind sie wieder massiv auf dem Vormarsch: Krapfen, wie sie in Bayern und Österreich heißen.

Ein Gebäck mit vielen Namen: Im Norden der Republik sind sie als Kreppel oder Berliner bekannt, im Westen eher als Mutzen, im Südwesten als Fastnachtsküchle und im Osten werden sie schlicht als Pfannkuchen bezeichnet. Alle haben eines gemeinsam: Sie sind – nüchtern ausgedrückt – Hefeteigbällchen, die in Fett ausgebacken und gefüllt werden.

Warum isst man die Krapfen ausgerechnet an Fasching?
Man könnte das schmalzige Gebäck als eine letzte Stärkung vor einem langen Wüstenmarsch bezeichnen oder modern ausgedrückt als ein „Morgen-fang-ich-an"-Gebäck. Zu Zeiten, da man es mit dem Fasten nach Faschingsende noch strenger nahm als heute, wollte man die Vorräte, die man an Eiern, Butter und Schmalz noch hatte, aufbrauchen, bevor man zu einer kargen Kost überging.

Luxusprobleme wie Adipositas waren eher die Ausnahme, so dass man, bevor die Fastenzeit an den nicht allzu üppigen Fettreserven zehrte, noch einmal reichhaltige Nahrung zu sich nehmen wollte.

Das Krapfenbacken fand traditionell am Samstag des Faschingswochenendes statt, weswegen der Tag auch als „Schmalziger Samstag" (oder bayerisch: „schmoizana Samsda") bezeichnet wird. In einem riesigen Topf wurden dann Dutzende von Krapfen frittiert, die bis Faschingsdienstag reichen mussten.

Heute sind die Krapfen in fast allen Bäckereien rund ums Jahr zu kaufen.

Berliner Pfannkuchen oder einfach „Berliner"

© Ursula Kohaupt, Kurze Geschichte des Faschingskrapfens, http://suite101.de/article/kurze-geschichte-des-faschingskrapfens-a69000#axzz2GD5qtpGs (gekürzt)

Schreiben Sie nun eine E-Mail an Ihre Freundin / Ihren Freund, in der Sie sich noch einmal für die leckere « Galette des Rois » bedanken und von der Tradition der Faschingskrapfen erzählen. Erläutern Sie dabei:

- *dass die Krapfen in Deutschland viele verschiedene Namen haben,*
- *warum man sie im deutschsprachigen Raum vor allem im Februar und März isst,*
- *und wie sie Ihnen persönlich schmecken.*

Schreiben Sie auch eine passende Anrede und Verabschiedung.

ISBN 978-3-12-525614-9

Astro Ado – L'horoscope de ce mois (D > F)

Material

WAAGE

24. September – 23. Oktober

LOVE

Bist du Single? Dann wird es in diesem Monat so richtig funken! Auch wenn du richtig Flugzeuge im Bauch hast: Gehe es ganz ruhig an und überstürze nichts.
Für alle, die in einer Beziehung stecken, gilt jetzt ganz besonders: Den Partner öfter mal verwöhnen – kleine Geschenke versüßen das Liebesleben! So könnt ihr gemeinsam auf Wolke Sieben schweben. Achtung zur Monatsmitte: Du wirst vor eine weitreichende Entscheidung gestellt. Ausreichend Zeit zum Nachdenken nehmen!

FRIENDS

Manche Freunde sind in diesem Monat gemein zu dir. Vielleicht ist jetzt die Zeit gekommen, einmal zu überlegen: Auf wen kann ich mich wirklich verlassen? Oder willst du, dass alte Enttäuschungen noch länger weh tun? Am Monatsende meldet sich sehr wahrscheinlich jemand, den du schon länger aus den Augen verloren hast. Wäre doch super, sich einmal wieder zu sehen!

SCHOOL

Du bist gerade auf voller Linie erfolgreich! Es gelingt dir gut, dich auf Wesentliches zu konzentrieren, was sich vor allem am Monatsanfang bemerkbar macht. In der zweiten Monatshälfte kann ein Dämpfer folgen – jetzt nur nicht nachlassen! Deine Energie springt auch auf andere über: Schau hin, wenn sie Probleme haben – du kannst oft helfen und wirst so viele neue Freunde finden!

Aufgaben

Niveau A2 – à l'écrit

Jérôme, ton copain français, adore lire son horoscope. Pour son anniversaire, tu veux lui envoyer par courrier son horoscope – il est balance. Comme il ne parle pas encore bien l'allemand, il faut que tu lui résumes en français les prévisions et les conseils les plus importants. Fais attention : Jérôme veut surtout savoir quels événements l'horoscope prévoit pour ce mois-ci. Par contre, il ne s'intéresse pas vraiment pour les conseils qu'on lui donne.

ISBN 978-3-12-525614-9

Niveau A2 / B1 – à l'écrit

Jérôme, ton copain français, adore lire son horoscope. Pour son anniversaire, tu veux lui envoyer son horoscope en allemand. Comme il ne parle pas encore bien l'allemand, tu ajoutes un court résumé en français à chaque partie du texte.
Tu sais que Jérôme n'a pas toujours confiance en lui – concentre-toi donc sur les conseils que l'horoscope donne ce mois.
Copie l'horoscope allemand et écris le résumé à coté. Cherche les mots qui te manquent dans l'horoscope ci-dessous :

Strategie:
Achte darauf, Redewendungen keinesfalls wörtlich zu übersetzen!
Manche Wendungen ähneln sich zwar im Deutschen und im Französischen (z.B. auf Wolke Sieben = au septième ciel), andere hingegen haben keine Entsprechung in der jeweils anderen Sprache (z.B. auf voller Linie).
Versuche, die Redewendungen sinngemäß in die Standardsprache zu übertragen (z.B. complètement, beaucoup).

L'horoscope du mois
Scorpion 23. 10. – 21. 11.
Amour
Sorties formidables et rencontres incroyables ! Alors tente ta chance ! Mais attention, pas avec n'importe quel signe. Fais les yeux doux à un Verseau ou flirte avec un Poisson. C'est peut-être le bonheur total à l'horizon !
Amitié
Tu as reçu deux invitations pour le même jour et tu ne sais pas laquelle choisir... Tu as fixé rendez-vous à un copain / une copine mais maintenant tu as envie de rester à la maison... Que veux-tu donc ? Réfléchis... Tu as de bons amis. Ne les perds pas ! L'amitié, c'est précieux !
École
Quelle énergie ! Alors concentre-toi sur tes devoirs ! Dès la deuxième moitié du mois, les résultats seront visibles... Mon conseil : Travaille avec un ami / une amie. On dit que « deux têtes valent mieux qu'une » !

Niveau B1 / B2 – à l'oral

Jérôme, ton copain français, est venu pour te rendre visite. Il adore lire son horoscope. Sur Internet, tu lui montres son horoscope en allemand. Malheureusement, il ne comprend presque rien.
Résume son horoscope en français. Jouez la situation à deux.

Niveau B2 – à l'écrit

Jérôme, Ihr französischer Freund, liebt es, sein Horoskop zu lesen – genauso wie Sie auch! Lesen Sie die letzte Mail von Jérôme:

_ □ X

Salut !
Pourrais-tu m'envoyer mon horoscope de ton site astrologique préféré, s.t.p. ? Je suis très curieux de savoir si les horoscopes allemands donnent aussi de bons conseils pour la vie quotidienne. Tu sais que mon niveau d'allemand est désastreux – ce serait génial si tu pouvais m'expliquer les différentes parties de l'horoscope et me résumer ce qu'il dit.
Merci ! ☺
PS : Je suis Balance, ascendant Taureau.

Im Internet finden Sie das passende Horoskop zu Jérômes Sternzeichen. Antworten Sie ihm auf Französisch in einer Mail. Beschreiben Sie ihm den Aufbau des Textes und fassen Sie die Vorhersagen und die Ratschläge seines Horoskops zusammen.

die Vorhersage = la prévision
der Ratschlag = le conseil

ISBN 978-3-12-525614-9

Diam's : « Dans ma bulle » (D > F + F > D)

Material

Diam's, de son vrai nom Mélanie Georgiades

Super Scheibe! ★★★★☆

Endlich mal wieder ein Volltreffer aus Frankreich! Auf eine Empfehlung im Radio hin griff ich im Plattenladen zu diesem Album. Und ich wurde nicht enttäuscht: Diam's singt bzw. rappt in manchen Songs unglaublich gut. Diese Powerfrau mit der Kurzhaarfrisur hat den Rhythmus im Blut! Ihr Album ist kein Softpop à la Zaz (« Je veux »... la la la... tirili...), sondern lässiger Hip-Hop mit schnell eingängigen Melodien. Dazu kommen hintergründige Texte mit einer Message: Das Leben in den Pariser Vorstädten stellt man sich ja immer grau und düster vor, und in den Liedern kommt tatsächlich durch, dass Einwanderer und Frauen hier wenig zu lachen haben. Besonders gelungen: « Ma France à moi », wo Diam's gegen den Rassismus und die Ausländerfeindlichkeit einiger Franzosen anrappt. Auch sehr gut: « Jeune Demoiselle » – Wenn Diam's hier mit viel Ironie ihren « mec mortel », also den Mr. Perfect, beschreibt, bleibt kein Auge trocken – unbedingt auch das witzige Video ansehen!! « Dans ma bulle » empfehle ich allen, die ein vielseitiges französisches Hip-Hop-Album suchen. Einziger Wermutstropfen: Manche Texte sind schwer zu verstehen – wahrscheinlich, weil Diam's viele Schimpfwörter und umgangssprachliche Kraftausdrücke verwendet...

von étoilefilante aus Berlin

Hatte mir mehr erhofft... ★☆☆☆☆

War am Anfang sehr neugierig auf dieses Album, denn französischen Hip-Hop finde ich schon lange ziemlich gut. Nach einmal Hören aber die totale Enttäuschung: Zwar sind die Liedzeilen gut gereimt und mit sattem Sound (guter Gesang!) hinterlegt, aber insgesamt erzählt Diam's doch recht seltsame Gangster-Rap-Geschichten über das Leben in den banlieues. Als ob es dort nichts als Sozialwohnungen, Drogensumpf und arbeitslose Araber gäbe.
Da hat sich doch gerade in den letzten Jahren einiges verändert! Und die Franzosen kommen in ihren Songs insgesamt sehr schlecht weg, obwohl doch sicher nur eine kleine Minderheit wirklich rassistisch ist. Etwas unrealistisch, schade! Viel besser gefallen mir die Alben von « Grand Corps Malade », der mit seinen Texten viel mehr zum Nachdenken über das Leben anregt. Einfach mal reinhören!

holgerkiss aus Detmold

Aufgaben

Niveau A1 – à l'ecrit (F > D)

Du findest französische Musik super und bist im Internet auf die HipHop-Sängerin Diam's gestoßen. In einem Forum hast du neben den zwei oben stehenden Kommentaren auch folgende Anfrage gefunden:

Ich find den Song « Jeune Demoiselle » von Diam's ja voll genial, aber ich versteh kein Wort ☹ Kann mir irgendwer sagen, um was es da überhaupt geht?
Wär echt super...

Zuckerschnecke

Hör dir den Song an und schreibe kurz und knapp (auf Deutsch) zurück, wovon der Song handelt.

ISBN 978-3-12-525614-9

1 A Qu'est-ce qu'on fait ? **A1**

A

Tu es Français/e. Tu fais un échange scolaire en Allemagne. Tu ne parles pas bien allemand. Tu accompagnes ton/ta corres et son ami/e allemand/e à un cours de zumba mais il y a un peu plus d'une heure à attendre. Tu as un peu faim. Tu aimerais bien goûter aux spécialités. Propose-leur d'aller manger une saucisse. Ton/ta corres parle bien français. Il/elle vous aide à vous comprendre. Mettez-vous d'accord !

1 B Qu'est-ce qu'on fait ? **A1**

B

Tu es Allemand/e. Après le collège, tu vas à un cours de zumba avec un/e ami/e allemand/e et ton/ta corres. Votre cours commence dans une heure et quart. Vous discutez pour décider ce que vous allez faire en attendant. Tu n'as pas beaucoup d'argent de poche ; tu proposes d'aller à la médiathèque. Comme tu es très bon/ne en français, tu aides les autres à se comprendre. Mettez-vous d'accord !

1 C Qu'est-ce qu'on fait ? **A1**

C

Dein Zumbakurs fängt erst in einer guten Stunde an. Du, dein/e Freund/in und sein/ihre Austauschschüler/in diskutiert, was ihr bis dahin machen könnt. Du möchtest gern Shoppen gehen, dann könnte der/die Austauschschüler/in auch etwas von der Stadt sehen. Die beiden anderen haben andere Vorschläge. Einigt euch! Du sprichst kein Französisch, aber dein/e Freund/in vermittelt.

2 En faisant la queue **A1**

A

Tu es Belge. Tu fais la queue pour visiter le musée de la BD à Bruxelles. Devant toi, il y a un/e jeune Allemand/e de ton âge avec son père/sa mère qui ne parle pas français. Vous faites connaissance. Tu réponds à leurs questions. Tu leur demandes s'ils ou si elles ont visité le musée de la BD à Neubrandenburg. Tu veux savoir où c'est, si c'est bien, et s'ils ou si elles ont envie d'y aller ou d'y retourner.

2 En faisant la queue **A1**

B

Tu es Allemand/e. Tu veux visiter avec ton père/ta mère le musée de la BD à Bruxelles. Dans la queue, il y a derrière toi, un/e Belge de ton âge. Vous commencez à parler. Tu veux savoir comment il/elle s'appelle, d'où il/elle vient, quelle est sa BD préférée… Tu réponds à ses questions avec l'aide de ton père/ta mère qui a déjà été au Comic-Museum de Neubrandenburg. Comme tu parles bien français tu les aides à se comprendre.

2 En faisant la queue **A1**

C

Du bist in Brüssel mit deinem/r Sohn/Tochter. Ihr wartet in der Schlange vor dem Comic-Museum. Dein/e Sohn/Tochter spricht mit einem/r Belgier/in. Frag deinen/e Sohn/Tochter, um was es geht. Du willst wissen, woher er kommt, was er macht… Du liest schon immer sehr gerne Comics. Und klar, das Comic-Museum in Neubrandenburg kennst du gut! Ein Ausflug dorthin lohnt sich immer.

3 Animaux **A1**

A

Tu es chez ton/ta corres allemand/e. Son voisin/sa voisine parle de son chat et de son chien. Malheureusement, tu ne comprends pas bien l'allemand. Ton/ta corres est bon/ne en français. Il/elle vous aide à vous comprendre. Tu adores les animaux mais tu n'en a pas. Pose des questions à tes amis/es.

3 Animaux **A1**

B

Tu es Allemand/e. Tu es avec ton voisin/ta voisine (allemand/e) et ton/ta corres français/e. Ton voisin/ta voisine parle de son chat et de son chien. Toi, tu aimes les cochons d'Inde. Ça intéresse beaucoup ton/ta corres qui adore les animaux mais qui n'en a pas. Malheureusement, ton/ta corres ne comprend pas bien l'allemand. Tu es bon/ne en français; aide tes amis/es à se comprendre.

3 Animaux **A1**

C

Du triffst dich mit deinem Nachbarn/ deiner Nachbarin und seinem/ihrer Austauschpartner/in. Ihr sprecht über Haustiere. Du liebst Katzen und Hunde und hast auch selbst eine Katze und einen Hund. Erzähle, wie du dich um die Tiere kümmerst.
Du hast leider kein Französisch an der Schule, aber dein/e Nachbar/in mittelt.

ISBN 978-3-12-525614-9

1 A Qu'est-ce qu'on fait ? **A1**

1 B Qu'est-ce qu'on fait ? **A1**

1 C Qu'est-ce qu'on fait ? **A1**

2 En faisant la queue **A1**

2 En faisant la queue **A1**

2 En faisant la queue **A1**

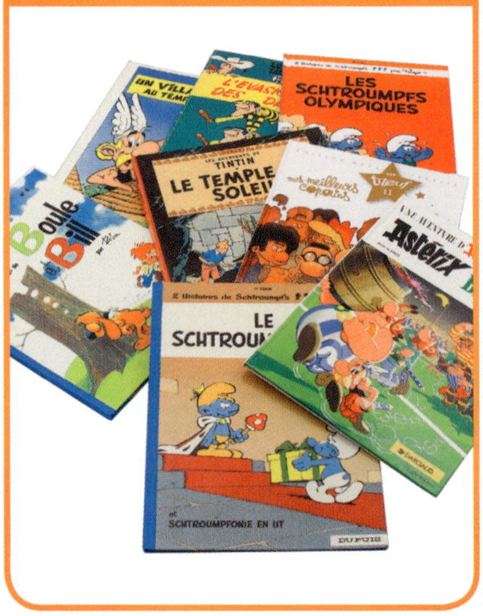

3 Animaux **A1**

3 Animaux **A1**

3 Animaux **A1**

ISBN 978-3-12-525614-9

4 Dans les magasins **A1**

A

Vous êtes vendeur/se dans un magasin de mode à Paris. Répondez aux questions des clients : ce sont de jeunes Allemands/es. Il y en a un/e qui parle très bien français. Il/elle vous aide à comprendre.

4 Dans les magasins **A1**

B

Tu es Allemand/e. Tu es à Paris pour trois jours avec ta classe d'histoire. Cet après-midi vous « faites » les magasins. Tu es très bon/ne en français et tu aides tes amis/es à se faire comprendre. Vous êtes dans un magasin de vêtements à Paris.

4 Dans les magasins **A1**

C

Im Grundkurs Geschichte machst du einen dreitägigen Schulausflug nach Paris. Heute Nachmittag habt ihr frei und geht in eine Boutique. Du sprichst wenig Französisch, aber dein/e Freund/in mittelt. Erkläre, was du willst. Sag, dass dir die Farbe oder der Stil nicht gefällt … Dann fragst du, wo du alles anprobieren kannst. Wenn du fertig bist, willst du bezahlen.

5 Le cadeau **A1**

A

Tu es Français/e. Tu veux offrir un cadeau à la mère de ton/ta corres. Tu vas dans un magasin. Le/la vendeur/se ne te comprend pas, mais ton/ta corres va lui expliquer ce que tu veux ! Tu voudrais une spécialité française, des calissons ou des crottins de chèvre ou autre chose. Demande où on peut en trouver. Finalement achète autre chose. Demande le prix. Dis que tu voudrais un paquet cadeau.

5 Le cadeau **A1**

B

Tu es Allemand/e. Ton/ta corres français/e veut acheter un cadeau pour ta mère. Il/elle voudrait une spécialité française, des calissons ou des crottins de chèvre ou autre chose. Le/la vendeur/se ne le/la comprend pas. Aide-les à se comprendre.

5 Le cadeau **A1**

C

Du bist Verkäufer/in. Dein/e Kunde/in spricht sehr wenig Deutsch und du verstehst nicht, was er/sie will. Sein/Ihre Freund/in vermittelt. Frag, was er/sie genau möchte, wozu er es braucht und ob es eine Spezialität ist. Beantworte seine/ihre Fragen. Du kannst auch selbst Vorschläge für etwas Passendes machen.

6 La recette **A1**

A

Tu es chez ton/ta corres allemand/e avec son/sa voisin/e. Vous voulez faire une surprise à ses parents : une spécialité française pour le dîner ! Explique à ton/ta corres et son/sa voisin/e une recette de ton choix. Ton/ta corres va la répéter en allemand pour son voisin/sa voisine qui ne parle pas français et qui prend des notes pour pouvoir la refaire chez lui/chez elle.

6 La recette **A1**

B

Tu es Allemand/e. Tu es dans la cuisine avec ton/ta voisin/e et ton/ta corres français/e. Vous voulez faire une surprise à tes parents ! Une spécialité française pour le dîner ! Ton/ta corres explique une recette en français. Toi, tu la répètes en allemand pour ton/ta voisin/e qui ne comprend pas le français et qui prend des notes pour pouvoir la refaire chez lui/chez elle.

6 La recette **A1**

C

Du bist in der Küche deines/r Nachbarn/Nachbarin zusammen mit seinem/r Austauschpartner/in. Ihr wollt ihren/seinen Eltern eine Überraschung bereiten: eine französische Spezialität fürs Abendessen! Der Franzose/die Französin erklärt ein Rezept auf Französisch. Du möchtest dir gern Notizen machen, damit du es selbst auch mal machen kannst. Aber du verstehst leider nichts. Dein/e Nachbar/in mittelt.

ISBN 978-3-12-525614-9

4 Dans les magasins A1

4 Dans les magasins A1

4 Dans les magasins A1

5 Le cadeau A1

5 Le cadeau A1

5 Le cadeau A1

6 La recette A1

6 La recette A1

6 La recette A1

ISBN 978-3-12-525614-9

7 Je suis perdu/e ! — A1

A

Tu es arrivé/e hier chez ton/ta corres allemand/e. Ce matin, il/elle va chez le dentiste. Toi, tu vas acheter le pain. C'est à un quart d'heure à pied. Tu as beaucoup de temps. Tu te promènes dans les rues. Finalement, tu es perdu/e. Tu demandes à quelqu'un de t'aider mais on ne te comprend pas. Heureusement, un/e jeune de ton âge arrive. Il/elle parle français et va t'aider.

7 Je suis perdu/e ! — A1

B

Tu es Allemand/e. Dans la rue, tu vois deux personnes qui parlent et qui semblent avoir des problèmes. Tu leur demandes si tu peux les aider. Apparemment, il s'agit d'un/e jeune Français/e qui s'est perdu et ne trouve plus le chemin de chez son/sa corres. Tu ne peux pas indiquer le chemin; tu ne connais pas le quartier. Mais tu parles français et tu peux les aider à se comprendre.

7 Je suis perdu/e ! — A1

C

Du kommst gerade vom Bäcker. Unterwegs spricht dich ein junger Franzose/eine junge Französin an, aber du verstehst leider nichts. Jemand Drittes kommt hinzu, der/die Französisch spricht und mittelt.
Anscheinend hat der/die Franzose/Französin sich verirrt. Frag ihn/sie nach der Adresse und erkläre den Weg.

8 La visite de la ville — A1/A2

A

Tu es Français/e et tu ne parles pas allemand. Tu es venu/e à la *Musik Messe* pour la journée. Avant de retourner chez toi, tu veux voir un peu la ville. Dans la rue, tu demandes à deux jeunes s'ils/si elles parlent français. Un/e des deux est français/e. Demande-lui/elle ce qui est intéressant à visiter. Tu demandes aussi comment faire pour y aller. Tu aimerais bien passer quelques heures avec eux.

8 La visite de la ville — A1/A2

B

Tu es Français/e. Tu fais un échange scolaire en Allemagne et ton/ta corres allemand/e te fait visiter sa ville. Dans la rue, un garçon/une fille vous adresse la parole. Il/elle est français/e et il/elle ne parle pas allemand. Il/elle vous pose des questions sur la ville. Comme tu parles bien allemand demande à ton/ta corres les renseignements nécessaires pour pouvoir l'aider.

8 La visite de la ville — A1/A2

C

Du zeigst deinem/r französischen Austauschschüler/in gerade deine Stadt, da er/sie das erste Mal zu Besuch ist. Unterwegs hält euch ein Junge/Mädchen an und spricht euch auf Französisch an. Er/sie fragt nach interessanten Besichtigungsmöglichkeiten in deiner Stadt. Da du noch nicht so gut Französisch sprichst, mittelt dein Freund/deine Freundin.

9 L'affiche pour le concert — A1/A2

A

Tu es Français/e et tu accompagnes ton petit frère/ta petite soeur chez son/sa corres allemand/e. Tu ne parles pas allemand. Vous regardez une affiche pour un concert qui t'intéresse beaucoup. Pose des questions sur les musiciens, le concert, le lieu, le prix, la date… Dis pourquoi ça t'intéresse et dis que tu aimerais bien y aller. Ton frère/ta soeur qui parle bien allemand vous aide à vous comprendre.

9 L'affiche pour le concert — A1/A2

B

Tu es Français/e et tu es en vacances chez ton/ta corres allemand/e avec ton grand frère/ta grande soeur qui ne parle pas français. Tous les trois vous regardez une affiche pour un concert. Ton frère/ta soeur est très intéressé/e. Il/elle voudrait poser des questions à ton/ta corres. Tu les aides à se comprendre.

9 L'affiche pour le concert — A1/A2

C

Dein/e Austauschpartner/in und dessen/deren ältere/r Bruder/Schwester sind bei dir zu Besuch. Ihr seid unterwegs und seht ein Plakat für ein Konzert. Du lernst zwar Französisch, aber bei diesem Thema verstehst du fast nichts! Dein/e Austauschpartner/in vermittelt. Beantworte die Fragen über die Musiker. Du hast keine Lust dorthin zu gehen und erfindest einen Vorwand.

ISBN 978-3-12-525614-9

7 Je suis perdu/e ! A1

7 Je suis perdu/e ! A1

7 Je suis perdu/e ! A1

8 La visite de la ville A1/A2

1 La visite de la ville A1/A2

1 La visite de la ville A1/A2

9 L'affiche pour le concert A1/A2

2 L'affiche pour le concert A1/A2

2 L'affiche pour le concert A1/A2

ISBN 978-3-12-525614-9

10 Sondage sur les loisirs A2

A

Tu es Français/e et tu rencontres un/e jeune étudiant/e allemand/e qui fait un sondage sur les loisirs des jeunes en France pour ses études de *Empirische Kulturwissenschaft* (≈ sociologie). Pour se faire comprendre un/e ami/e allemand/e qui parle français l'accompagne. Tu es Français/e et tu ne parles pas allemand. Réponds à ses questions en français.

10 Sondage sur les loisirs A2

B

Tu es Allemand/e et tu parles français. Tu accompagnes ton ami/e allemand/e qui fait un sondage sur les loisirs des jeunes en France pour ses études de *Empirische Kulturwissenschaft* (≈ sociologie). Il/elle ne parle pas français. Il/elle pose des questions à un/e Français/e. Aide-les à se comprendre.

10 Sondage sur les loisirs A2

C

Du studierst Empirische Kulturwissenschaft und machst eine Umfrage über das Freizeitverhalten Jugendlicher in Frankreich. Denke dir acht Fragen aus.
Du sprichst kein Französisch, aber ein/e französische/r Freund/in mittelt für dich.

11 Dans une agence de voyage A2

A

Tu es Français/e et tu parles très peu allemand. Tu es en Allemagne et tu entres dans une agence de voyage pour demander des renseignements, mais on ne te comprend pas. Un/e jeune Allemand/e qui parle bien français va t'aider à te faire comprendre. Dis où tu veux aller et demande toutes les informations nécessaires pour préparer ton voyage.

11 Dans une agence de voyage A2

B

Tu es Allemand/e. Tu entres dans une agence de voyage pour demander une brochure. Là, un/e jeune Français/e voudrait des renseignements pour un voyage. Il/elle ne parle pas allemand. Toi tu parles français. Aide-le/la à se faire comprendre.

11 Dans une agence de voyage A2

C

Du machst ein Praktikum in einem Reisebüro. Ein junger Franzose/ eine junge Französin kommt herein und erkundigt sich nach Reiseunterlagen.
Du verstehst ihn/sie nicht!
Glücklicherweise kommt jemand hinzu, der Französisch spricht und Hilfe anbietet.

12 Mes dernières vacances A2

A

Tu es Français/e. Tu es avec un/e ami/e français/e et son/sa corres allemand/e. Le/la corres parle de ses vacances mais tu ne comprends pas. Ton ami/e français/e vous aide à vous comprendre. Ça t'intéresse beaucoup et tu poses beaucoup de questions.

12 Mes dernières vacances A2

B

Tu es Français/e et tu parles bien allemand parce que tu es souvent allé/e en Allemagne. En ce moment, ton nouveau/ta nouvelle corres allemand/e te rend visite. Vous avez rendez-vous avec un/e de tes amis/amies qui ne parle pas allemand. Ton/ta corres parle de ses vacances. Aide tes amis/amies à se comprendre.

12 Mes dernières vacances A2

C

Du bist bei deinem/r französischen Austauschpartner/in. Ihr trefft euch mit einem/r seiner/ihrer Freunde/innen. Du kommst gerade aus dem Urlaub und erzählst, wo du gewesen bist, mit wem, wie lange du geblieben bist und was du gemacht hast.
Du sprichst wenig Französisch. Dein/e Austauschpartner/in mittelt.

ISBN 978-3-12-525614-9

10 Sondage sur les loisirs A2

10 Sondage sur les loisirs A2

10 Sondage sur les loisirs A2

11 Dans une agence de voyage A2

11 Dans une agence de voyage A2

11 Dans une agence de voyage A2

12 Mes dernières vacances A2

12 Mes dernières vacances A2

12 Mes dernières vacances A2

ISBN 978-3-12-525614-9

13 Nos projets de vacances A2

A

Tu es Français/e. Tu veux partir en vacances avec ton frère/ta sœur et son/sa corres allemand/e. Vous discutez pour décider où vous irez, quand, comment, et pour combien de temps. Mettez-vous d'accord. Tu ne parles pas allemand, mais ton frère/ta sœur est très bon/ne en allemand. Il/elle vous aide à vous comprendre.

13 Nos projets de vacances A2

B

Tu es Français/e. Tu veux partir en vacances avec ton frère/ta sœur et ton/ta corres allemand/e. Vous discutez pour décider où vous irez, quand, comment, et pour combien de temps. Mettez-vous d'accord.
Comme tu parles bien allemand, tu aides ton frère/ta sœur et ton/ta corres à se comprendre.

13 Nos projets de vacances A2

C

Du möchtest zusammen mit deinem/r französischen Austauschparter/in und dessen/deren Bruder/Schwester Urlaub machen. Du sprichst noch nicht so gut Französisch, aber dein/e Austauschpartner/in mittelt.
Ihr diskutiert darüber, wo ihr hinfahren wollt, wann, wie und für wie lange. Einigt euch!

14 Je l'adore ! A2

A

Tu es Français/e. Tu parles avec ton/ta corres et un/e ami/e allemands/es de vos « idoles ». Tu ne parles pas bien allemand, mais ton/ta corres vous aide à vous comprendre. Dis qui est ton « idole ». Décris-le/la. Raconte ce que tu sais sur sa vie privée. Explique pourquoi tu l'admires. Comparez vos héros. Finalement, dis pourquoi tu préfères le tien.

14 Je l'adore ! A2

B

Tu es Allemand/e. Tu parles avec ton/ta corres français/e et un/e ami/e allemande de vos « idoles ». Ton/ta corres français/e ne parle pas bien allemand, mais comme tu es assez fort/e en français, tu aides tes amis/es à se comprendre. Toi aussi, donne ton opinion.

14 Je l'adore ! A2

C

Du unterhältst dich mit deiner/m deutschen Freund/in und seiner/ihrer Austauschpartner/in über eure Vorbilder. Leider spricht nur dein/e Freund/in deutsch und französisch, deshalb mittelt er/sie zwischen euch.
Sag, was du von den Vorbildern der anderen hältst, erkläre, wen du bewunderst und warum.

15 En vacances A2

A

Ton groupe campe dans un camping international près d'un groupe allemand. Tu es Français/e et tu ne parles pas l'allemand.
A la plage tu rencontres deux Allemands/des qui te saluent et qui aimeraient bien te revoir. Un/une des deux seulement parle français et vous aide à vous comprendre.

15 En vacances A2

B

Tu es avec des amis/es dans un camping international. A la plage toi et ton ami/e qui ne parle pas français, vous rencontrez un/e jeune Français/e. Vous le/la trouvez sympa et vous voudriez bien passer la soirée ensemble.
Tu aides tes amis/es à se comprendre.

15 En vacances A2

C

Du bist mit Freunden in einem internationalen Feriencamp. Am Strand treffen du und ein Freund/eine Freundin auf eine Französin/einen Franzosen. Du sprichst kein Französisch, aber dein/e Freund/in mittelt. Du fängst eine Unterhaltung an und begrüßt den/die Franzosen/Französin.
Frag nach dem Namen, nach der Herkunft, nach Interesse an Kino… Du würdest ihn/sie gerne wiedersehen!

ISBN 978-3-12-525614-9

13 Nos projets de vacances A2

13 Nos projets de vacances A2

13 Nos projets de vacances A2

14 Je l'adore ! A2

14 Je l'adore ! A2

14 Je l'adore ! A2

15 En vacances A2

15 En vacances A2

15 En vacances A2

ISBN 978-3-12-525614-9

16 On choisit quel film ? A2/B1

A

Tu es Français. Tu discutes avec ton/ta corres allemand/e et son ami/e allemand/e pour choisir un DVD à regarder ce soir. Tu ne parles pas très bien allemand mais ton/ta corres vous aide à vous comprendre. Propose un film ; tu expliques de quoi il s'agit et tu dis pourquoi tu voudrais le voir. Réponds aux questions de tes amis/es. Finalement, mettez-vous d'accord sur un film.

16 On choisit quel film ? A2/B1

B

Tu es Allemand/e. Tu discutes avec ton/ta corres français/e et un/e ami/e allemand/e pour choisir un DVD à regarder ce soir. Ton/ta corres français/e ne parle pas très bien l'allemand. Aide tes amis/es à se comprendre. Donne aussi ton avis sur le film proposé. Finalement, mettez-vous d'accord sur un film.

16 On choisit quel film ? A2/B1

C

Du diskutierst mit deinem/r deutschen Freund/in und seinem/ihrem Austauschpartner/in über eine DVD, die ihr euch für den heutigen Abend ausleihen wollt. Der/die Austauschpartner/in schlägt einen Film vor, spricht aber nicht so gut Deutsch und du kein Französisch, deshalb mittelt dein/e Freund/in. Frag nach den Schauspielern, der Handlung etc. Schlag einen anderen Film vor.

17 Quel métier pour plus tard ? A2/B1

A

Tu es Français/e. Tu discutes avec un/e ami/e français/e et son/sa corres allemand/e de ce que vous voulez faire plus tard. Tu ne comprends pas bien l'allemand mais ton ami/e français/e vous aide à vous comprendre. Dis quelle profession te plaît et pourquoi. Parle du travail, des horaires, du salaire. Pourquoi penses-tu que c'est bien pour toi ? Demande ce que tes amis/es veulent faire plus tard et dis ce que tu en penses.

17 Quel métier pour plus tard ? A2/B1

B

Tu es Français/e. Tu discutes avec un/e ami/e français/e et ton/ta corres allemand/e de ce que vous voulez faire plus tard. Comme tu es bon/ne en français, tu aides tes amis/es à se comprendre. Explique, toi-aussi, ce que tu veux faire plus tard et pourquoi. Ensemble, comparez les différents métiers ou professions et dites celui ou celle qui vous semble le ou la meilleur/e.

17 Quel métier pour plus tard ? A2/B1

C

Du diskutierst mit deinem/r französischen Austauschpartner/in und dessen/deren Freund/in über eure beruflichen Zukunftspläne. Der Freund/die Freundin spricht kaum Deutsch und du wenig Französisch, aber dein/e Austauschpartner/in mittelt. Frag die anderen, was sie beruflich machen wollen und warum. Vergleicht eure Berufswünsche und legt dar, welches eure Favoriten sind und warum.

18 Vacances dans le Marais Poitevin A2/B1

A

Tu es Français/e. Tu habites près de Poitiers. Tu as fait la connaissance d'une famille allemande qui voudrait visiter ta région. Réponds à leurs questions et décris ta région, le Marais Poitevin avec ses 2400 km de canaux. Tu ne parles pas allemand mais leur fils/fille parle français et vous aide à vous comprendre.

18 Vacances dans le Marais Poitevin A2/B1

B

Tu es Allemand/e. Tu es en vacances avec tes parents en France. Tu as fait la connaissance d'un/e jeune Français/e qui habite près de Poitiers. Ta mère/ton père veut lui demander des renseignements sur cette région mais il/elle ne parle pas français. Tu les aides à se faire comprendre.

18 Vacances dans le Marais Poitevin A2/B1

C

Du bist mit deiner/m Sohn/Tochter im Urlaub in Frankreich. Ihr lernt eine/n Franzosen/Französin kennen, der/die in der Nähe von Poitiers wohnt. Da du gerne das Marais Poitevin sehen möchtest, stellst du ihm viele Fragen dazu. Da du kein Französisch sprichst, mittelt dein Sohn/deine Tochter. Frag auch nach der Bedeutung von "marais" und "poitevin".

ISBN 978-3-12-525614-9

16 On choisit quel film ? A2/B1

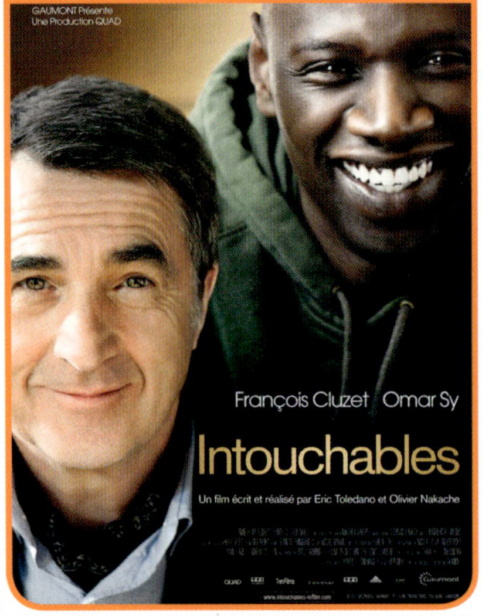

16 On choisit quel film ? A2/B1

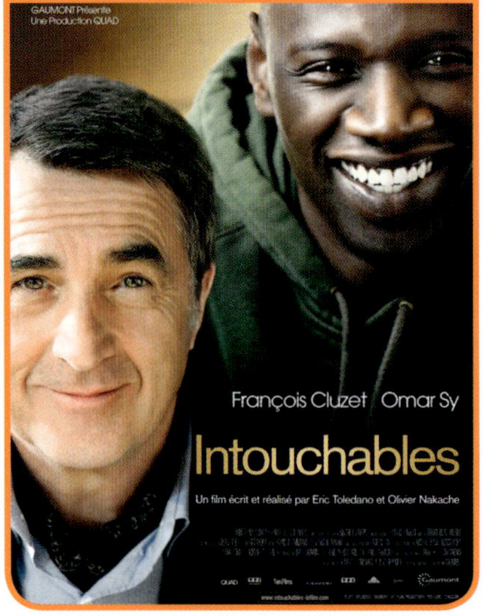

16 On choisit quel film ? A2/B1

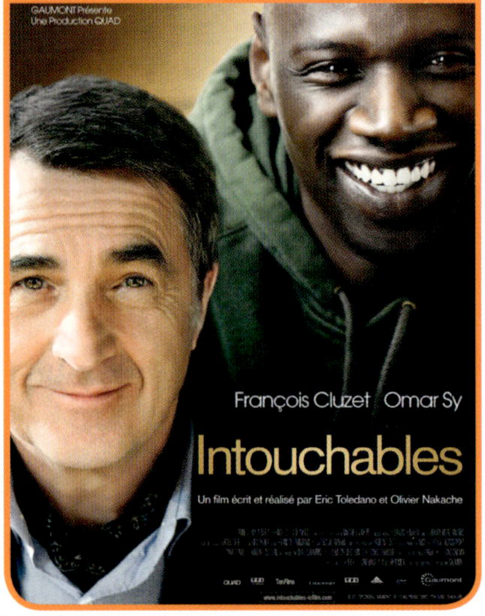

17 Quel métier pour plus tard ? A2/B1

17 Quel métier pour plus tard ? A2/B1

17 Quel métier pour plus tard ? A2/B1

18 Vacances dans le Marais Poitevin A2/B1

18 Vacances dans le Marais Poitevin A2/B1

18 Vacances dans le Marais Poitevin A2/B1

ISBN 978-3-12-525614-9

19 Le Petit Nicolas B1

A

Tu demandes à tes corres allemands/es s'ils/si elles connaissent les histoires du Petit Nicolas. Tu adores ! Tu voudrais raconter celle que tu préfères mais tu n'es pas assez bon/ne en allemand. Un/e des corres allemand/es t'aide à te faire comprendre.

19 Le Petit Nicolas B1

B

Tu es Allemand/e. Avec un/e ami/e allemand/e et ton corres français/e, vous vous racontez des histoires amusantes. Le/la corres parle mal allemand. Il/elle raconte une histoire du Petit Nicolas en français. Raconte-la en allemand à ton ami/e allemand/e qui ne comprend pas le français. A son tour, il/elle va raconter une histoire en allemand. Raconte-la en français à ton autre ami/e.

19 Le Petit Nicolas B1

C

Du, dein/e deutsche/r Freund/in und dessen/deren Austauschpartner/in erzählt euch amüsante Geschichten. Der/die Austauschpartner/in erzählt etwas vom „Petit Nicolas". Frag wer das ist, warum die Geschichten lustig sind, wer die Figur erfunden hat etc. Erzähle selbst auch eine amüsante Geschichte. Dein/e deutsche/r Freund/in mittelt.

20 Cocorico ! B1

A

Pendant un échange scolaire, le professeur de français organise un quiz franco-allemand. Tu représentes les Français. Prépare six questions sur la France à poser à ton/ta partenaire allemand/e. Ex. : Quel fleuve passe par Paris ?
Heureusement, un/e participant/e bilingue répète les questions et les réponses en français ou en allemand.

20 Cocorico ! B1

B

Tu es Allemand/e. Pendant un échange scolaire, le professeur de français a organisé un quiz franco-allemand. Tu es bilingue. Répète chaque question et chaque réponse en français ou en allemand selon le cas. Tu comptes un point pour chaque réponse correcte.

20 Cocorico ! B1

C

Während eines Schüleraustauschs organisiert der Französischlehrer ein deutsch-französisches Quiz. Du repräsentierst Deutschland. Bereite sechs Fragen zu Deutschland vor. Z. B.: Wie viele Bundesländer gibt es in Deutschland? Jeder stellt abwechselnd eine Frage. Ein/e zweisprachige/r Schüler/in mittelt.

21 Rencontre européenne de jeunes B1

A

Tu as participé à une rencontre européenne de jeunes à Strasbourg. Tu es Français/e. Un/e jeune Allemand/e t'a invité/e à passer quelques jours chez lui/elle.
Afin de faire un compte rendu pour sa classe, il/elle te demande ce qui t'a plu et ce qui ne t'a pas plu. Vous vous comprenez grâce à ton copain/ta copine suisse qui est bilingue. Donne ton opinion et discute avec les autres.

21 Rencontre européenne de jeunes B1

B

Tu reviens de Strasbourg où a eu lieu une rencontre européenne de jeunes. Là, tu as fait la connaissance d'un/e jeune Allemand/e qui t'a invité/e, toi et un/e jeune Français/e, chez lui/elle. Tu es Suisse et tu es bilingue. Tu aides tes amis/es à se comprendre.
Ton ami/e allemand/e qui ne parle pas français vous pose des questions sur cette rencontre afin de faire un compte rendu pour sa classe.

21 Rencontre européenne de jeunes B1

C

Du kommst gerade von einem europäischen Jugendtreffen aus Straßburg zurück. Du hast dort eine/n Franzosen/Französin und eine/n Schweizer/in kennengelernt und zu Dir eingeladen. Du schreibst an einem Dossier über das Jugendtreffen und fragst die anderen nach ihren Eindrücken und Erlebnissen. Was hat ihnen (nicht, am besten) gefallen etc. Der/die zweisprachige Schweizer/in mittelt zwischen dir und dem/der anderen.

ISBN 978-3-12-525614-9

19 Le Petit Nicolas **B1**

19 Le Petit Nicolas **B1**

19 Le Petit Nicolas **B1**

20 Cocorico ! **B1**

20 Cocorico ! **B1**

20 Cocorico ! **B1**

21 Rencontre européenne de jeunes **B1**

21 Rencontre européenne de jeunes **B1**

21 Rencontre européenne de jeunes **B1**

ISBN 978-3-12-525614-9

Klett

22 Sports extrêmes B2

A

Tu es Belge. Tu aimes le sport. Tu fais du parapente. Pour un exposé sur les sports extrêmes un/e jeune Allemand/e te pose des questions sur le sport que tu pratiques. Tu ne comprends pas l'allemand mais un/e autre sportif/ive vous aide à vous comprendre. Explique ce que c'est le parapente. Et ensuite pourquoi tu en fais… Tu écoutes quel sport pratique l'autre sportif/ive et tu penses que c'est complètement idiot.

22 Sports extrêmes B2

B

Tu es Allemand/e. Ton ami/e fait un exposé pour le collège sur les sports extrêmes. Il/elle veut poser des questions à un/e sportif/ive belge que vous avez rencontré/e au club de sports. Tu es la seule personne qui parle allemand et français. Tu les aides à se comprendre. Toi, tu as fait une fois du saut à l'élastique. Dis comment c'était. Compare les dangers de ce sport avec celui pratiqué par le/la Belge.

22 Sports extrêmes B2

C

Du schreibst ein Dossier über Extremsportarten für die Schule. Als du im Sportinstitut eine/n Belgier/in triffst, nutzt du die Gelegenheit und fragst ihn/sie, welchen Sport er/sie treibt und warum. Frag auch, ob die Sportart gefährlich ist.
Da ihr die Sprache des anderen nicht sprecht, hilft dein Freund/deine Freundin bei der Verständigung.

23 La bourse aux stages B2

A

Tu es Français/e et tu travailles à Paris où une bourse aux stages est organisée. Tu travailles sur un stand. Un/e jeune Allemand/e a trouvé une annonce qui l'intéresse: Il/elle ne parle pas beaucoup de français et tu ne parles pas allemand. Heureusement, son ami/e vous aide à vous comprendre. Pour remplir un formulaire, tu lui poses des questions sur son CV: nom, âge, adresse, écoles, études, expériences, intérêts…

23 La bourse aux stages B2

B

Tu es Allemand/e. Vous êtes à Paris où une bourse aux stages est organisée. Ton ami/e allemand/e cherche un stage en France pour cet été pour apprendre le français. Il/elle se présente pour une annonce: « Recherche jeune Allemand/e pour travailler… ». Malheureusement, l'employé/e ne parle pas allemand et ton ami/e ne parle pas beaucoup de français. Tu les aides à se comprendre.

23 La bourse aux stages B2

C

Du würdest gerne besser Französisch lernen und suchst deshalb nach einem Ferienjob in Frankreich. Deshalb bist du mit einem/r Freund/in nach Paris gefahren, wo gerade eine Ferienjobbörse veranstaltet wird. Du hast eine Annonce gefunden, die dir gefällt. Der/die Angestellte stellt dir viele Fragen. Dein Freund/deine Freundin mittelt.

24 À l'aéroport B2

A

Tu es employé/e à l'aéroport Charles de Gaulle à Paris. Deux passagers s'adressent à toi. Seulement un des deux parle français et peut vous servir de médiateur.
Écoute le problème ; essaie de calmer les passagers et propose des solutions.

24 À l'aéroport B2

B

Tu es Allemand/e. A l'aéroport Charles de Gaulle, un homme/une femme s'adresse à toi parce que sa valise n'est pas passée sur le tapis roulant. Il/elle veut s'informer au guichet, mais elle ne parle pas français et son anglais et très mauvais. Tu vas au guichet avec lui/elle pour l'aider.

24 À l'aéroport B2

C

Du bist gerade auf dem Heimflug nach Deutschland. Bei einer Zwischenlandung am Flughafen Charles de Gaulle in Paris stellst du fest, dass dein Koffer abhanden gekommen ist. Da du kein Französisch und nur wenig Englisch sprichst, bittest du eine/n Mitreisende/n dich zum Schalter zu begleiten und dort für dich zu mitteln.

ISBN 978-3-12-525614-9

22 Sports extrêmes B2

22 Sports extrêmes B2

22 Sports extrêmes B2

23 La bourse aux stages B2

23 La bourse aux stages B2

23 La bourse aux stages B2

24 À l'aéroport B2

24 À l'aéroport B2

24 À l'aéroport B2

ISBN 978-3-12-525614-9

Niveau B1 – à l'écrit (D > F)

Ton ami français / Ton amie française est un/e grand/e fan du rap français. Il / Elle a vu que l'album « Dans ma bulle », dont la chanteuse Diam's a vendu plus d'un million d'exemplaires en France, est aussi disponible en Allemagne. Dans un blog web, il / elle a trouvé deux commentaires allemands sur ce disque. Comme il / elle ne parle pas bien allemand, il / elle te prie de les résumer en français. Explique-lui dans un mail ce que les deux internautes pensent et comment ils justifient leur avis.

Fortsetzung von Teil A, Aufgabe 5, Diam's « Dans ma bulle »

Niveau B1 / B2 – à l'oral (D > F)

Tu passes les vacances d'été chez une copine française / un copain français. Comme elle / il est un/e grand/e fan du rap français, vous écoutez ensemble l'album « Dans ma bulle » de Diam's. En même temps, tu cherches sur Internet des commentaires sur cet album. A l'oral, résume en français les critiques que tu as trouvées dans un blog Internet. Jouez à deux.

Alternative Niveau B2 – à l'écrit (D > F)

Ihre französische Freundin / Ihr französischer Freund ist ein großer Fan von Diam's und hört sehr gerne alle Arten von Hip-Hop. Da Sie sie / ihn mit deutschem Hip-Hop bekannt machen wollen, haben Sie ihr / ihm zum Geburtstag die CD „Stadtaffe" von Peter Fox geschenkt. Den Song „Haus am See" findet Ihr/e Freund/in musikalisch besonders gelungen. Leider versteht sie / er nicht, worum es im Text (s. unten) geht. Schreiben Sie eine kurze Zusammenfassung auf Französisch.

HAUS AM SEE

Hier bin ich gebor'n und laufe durch die Straßen,
Kenn' die Gesichter, jedes Haus und jeden Laden.
Ich muss mal weg, kenn jede Taube hier beim Namen.
Daumen raus, ich warte auf 'ne schicke Frau mit schnellem Wagen.
Die Sonne blendet, alles fliegt vorbei.
Und die Welt hinter mir wird langsam klein.
Doch die Welt vor mir ist für mich gemacht!
Ich weiß, sie wartet und ich hol sie ab!
Ich hab den Tag auf meiner Seite, ich hab Rückenwind!
Ein Frauenchor am Straßenrand, der für mich singt!
Ich lehne mich zurück und guck ins tiefe Blau,
schließ' die Augen und lauf einfach geradeaus.

Und am Ende der Straße steht ein Haus am See.
Orangenbaumblätter liegen auf dem Weg.
Ich hab 20 Kinder, meine Frau ist schön.
Alle komm'n vorbei, ich brauch nie rauszugehen.

Ich suche neues Land mit unbekannten Straßen,
Fremde Gesichter und keiner kennt mein'n Namen!
Alles gewinnen beim Spiel mit gezinkten Karten.
Alles verlieren, Gott hat einen harten linken Haken.
Ich grabe Schätze aus im Schnee und Sand,
Und Frauen rauben mir jeden Verstand!

Doch irgendwann werd ich vom Glück verfolgt
Und komm zurück mit beiden Taschen voll Gold.
Ich lad' die alten Vögel und Verwandten ein.
Und alle fang'n vor Freude an zu wein'n.
Wir grillen, die Mamas kochen und wir saufen Schnaps.
Und feiern eine Woche jede Nacht.

Und der Mond scheint hell auf mein Haus am See.
Orangenbaumblätter liegen auf dem Weg.
Ich hab 20 Kinder, meine Frau ist schön.
Alle komm'n vorbei, ich brauch nie rauszugehen.

Und am Ende der Straße steht ein Haus am See.
Orangenbaumblätter liegen auf dem Weg.
Ich hab 20 Kinder, meine Frau ist schön.
Alle komm'n vorbei, ich brauch nie rauszugehen.

Hier bin ich gebor'n, hier werd ich begraben.
Hab taube Ohr'n, ‚nen weißen Bart und sitz im Garten.
Meine 100 Enkel spielen Cricket auf'm Rasen.
Wenn ich so daran denke, kann ich's eigentlich kaum erwarten.

ISBN 978-3-12-525614-9

Une année écolo en France (F > D)

Material

La ferme de Chassagne

Description du lieu de mission :
La ferme de Chassagne est un lieu qui peut permettre à des jeunes de découvrir une agriculture familiale dont les principaux aspects sont l'agriculture biologique et le travail en commun. Nous, François et Céline, avons respectivement 42 et 39 ans. Nous sommes mariés depuis 2007, et une petite Louise était née en août 2008 et un petit Elie en mai 2010. François a repris la ferme de son père en 1993, ferme conduite en agriculture biologique depuis 1969.

Tâches des volontaires :
Les principales activités proposées au stagiaire seraient : la fabrication de farine et de pain, le jardinage, la participation aux ventes (à la ferme et sur les marchés) et les travaux quotidiens de la ferme : les animaux, le camping, les gîtes, etc.

La récolte des pommes

Pain : fabrication de la farine et du pain, couper du bois pour le four

Fruitiers et vigne : (pommiers, poiriers, pruniers, abricotiers, amandiers, vigne): cueillette/ vendange, transformation des fruits en jus (pomme et raisin), compotes, conserves, ...

Élevage d'animaux : 1 ruche: (récolte du miel), 25 poules (ramasser les œufs), 3 brebis (renouvellement des litières, alimentation)

Camping : entretien du site, nettoyage de la piscine, accueil des touristes

Temps libre :
- activités sportives dans le(s) village(s) à côté : club de rugby, football, tennis (de table), handball, danse,...
- canöe sur la Charente
- 1h30 de l´Atlantique (→ surf !), 1h30 de Bordeaux, 4h des Pyrénées
- plusieurs activités culturelles, p.ex.: festival de la BD, fête de l´écologie/de la biodiversité/..., cinéma à 10 km
- course à pieds, tours de vélo, piscine,...

Logement et vie quotidienne :
Le volontaire est nourri et logé sur place, mais dans un studio indépendant avec cuisine, douche/ baignoire, lavabo, toilettes. Permis de conduire préférable pour plus d'indépendance; vélo à disponibilité.

Les vendanges se font en automne

Nous ne parlons pas allemand, mais nous nous débrouillons bien en anglais et espagnol.

Contacter :
Ferme de Chassagne
Céline & François Peloquin
F-16240 Villefagnan
contact@giefermedechassagne.fr

www.foej-kur.de

ISBN 978-3-12-525614-9

Aufgaben

Niveau B1 – à l'écrit

Ta cousine vient de réussir le bac et maintenant elle veut faire une année de volontariat écologique. Comme elle veut aussi améliorer son français (elle n'a fait qu'un an de français à l'école) elle envisage d'aller en France. Elle a trouvé une ferme qui l'intéresse et demande ton aide. Elle t'envoie le mail suivant :

Hallo!
Hier schicke ich dir eine mögliche Einsatzstelle für mein Ökojahr in Frankreich.
Das Dorf liegt total idyllisch auf dem Land, gar nicht so weit vom Meer entfernt. Könntest du mir bitte helfen?? Ich müsste Folgendes wissen:
– Wer ist die Familie, der dieser Bauernhof gehört?
– Welche Aufgaben hätte ich während des FÖJ?
– Da steht doch auch was von Tieren, oder? Falls man mit Pferden arbeiten muss, kann ich das nicht machen, ich bin leider allergisch...
– Und wo würde ich dort wohnen?
– Müsste ich das Bad mit jemandem teilen?
Vielen Dank für deine Hilfe! Ist total lieb von dir!!
:-)

Écris un mail à ta cousine (en allemand) et réponds à toutes ses questions.

Niveau B1 / B2 – à l'oral

Ta cousine vient de réussir le bac et maintenant elle veut faire une année de volontariat écologique. Comme elle veut aussi améliorer son français (elle n'a fait qu'un an de français à l'école) elle envisage d'aller en France. Elle a trouvé une ferme qui l'intéresse beaucoup. Malheureusement elle ne comprend pas grand chose à la description du poste de travail et demande ton aide. Décris-lui en allemand des conditions de travail.
Jouez la situation à deux.

Strategie :
Beim Zusammenfassen ist es nicht notwendig, jede Einzelinformation des Textes zu nennen. Oft kannst du mehrere Informationen mit einem Oberbegriff zusammenfassen.

Beispiele:
pommiers, poiriers, pruniers, abricotiers → Obstbäume

club de rugby, football, tennis (de table), handball → Ballsportarten

douche / baignoire, lavabo, toilettes → Badezimmer

Niveau B2 – à l'écrit

Sie arbeiten ehrenamtlich für eine deutsch-französische Organisation, die Einsatzstellen für ein Freiwilliges Ökologisches Jahr (FÖJ) in Frankreich vermittelt. Der Bauernhof « La ferme de Chassagne » sucht dringend eine(n) deutsche(n) Freiwillige(n) zur Mithilfe und bittet Sie, auf der Homepage der Organisation die wichtigsten Informationen zur Stelle auf Deutsch zu veröffentlichen.
Fassen Sie die Stellenbeschreibung auf Deutsch zusammen. Orientieren Sie sich beim Aufbau des Textes an der französischen Anzeige:

- *Beschreiben Sie zunächst den Bauernhof kurz.*
- *Nennen Sie dann die voraussichtlichen Tätigkeiten der / des Freiwilligen.*
- *Gehen Sie am Schluss auf Freizeitmöglichkeiten und die Lebensbedingungen ein.*

ISBN 978-3-12-525614-9

Voter à 16 ans ? (D > F)

Material

Früher Demokratie wagen

In Österreich dürfen Jugendliche künftig schon mit 16 wählen. Eine gute Idee – warum nicht auch für Deutschland?

[...] „Alle Macht geht vom Volke aus." In Deutschland ist das Artikel 20 des Grundgesetzes. Doch wie ist es zu erklären, dass einem erheblichen Teil des Volkes diese Macht schon wenige Artikel später wieder genommen wird, wenn es um das Wahlalter geht?

Etwa ein Fünftel der deutschen Bürger ist jünger als 20. Der größte Teil von ihnen (nämlich alle unter 18-Jährigen) darf überhaupt nicht wählen; [...] Dabei haben viele Entscheidungen, welche die Politiker treffen, direkte Auswirkungen auf ihre Zukunft. Beispiel Studiengebühren: Wer im vergangenen Jahr 17 war, wird erst 2009 zum ersten Mal seine Stimme abgeben dürfen – und dann womöglich bereits im vierten oder fünften Semester eingeschrieben sein. Solche Beispiele gibt es viele: Ausbildungsmarkt, Auslandseinsätze der Bundeswehr, Rente mit 67, die Förderung junger Familien und Mütter. Wer kann erklären, weshalb die Generation 65 plus, die durchschnittlich ebenfalls etwa 20 Prozent der Bevölkerung ausmacht, Einfluss auf solche politischen Richtungsentscheidungen nehmen kann, deren Auswirkungen in eine für sie unerreichbare Zukunft fallen, nicht aber diejenigen, die davon betroffen sind?

die Studiengebühren = les frais *(m)* de scolarité

Konsequent zu Ende gedacht hieße das, jedem Menschen ein Wahlrecht ab Geburt einzuräumen. Dagegen gibt es viele berechtigte Einwände. Aber warum liegt die Altersgrenze ausgerechnet bei 18 Jahren? [...]

Mit 14 werden sie (Jugendliche) strafmündig. In der Definition der Gesetzgeber heißt das, sie sind in der Lage, die Folgen ihres Handelns zu überschauen. Mit 16 Jahren dürfen Jugendliche Moped fahren, Bier und Wein kaufen, miteinander Sex haben, sich zum Polizisten ausbilden lassen. Wenn ihnen all das zugetraut wird, warum dann nicht das so grundlegende Wahlrecht?

Die Befürchtungen vieler Gegner des Jugendwahlrechts sind unbegründet. [...] Je nach Bundesland stiege die Zahl der Wahlberechtigten um lediglich 2 bis 4 Prozent. Und anders als viele Erwachsene vermuten, unterscheidet sich die große Mehrheit der Jugendlichen in ihrer politischen Haltung kaum noch vom Mainstream. Doch nicht nur Ängste, auch allzu große Hoffnungen sind wohl überzogen.

Mit den üblichen Wahlkampfmethoden wird die neue Zielgruppe kaum zu erreichen sein. Plakatwände, die sich speziell an Jugendliche wenden, sind nur schwer auszumalen. Ebenso Bundespolitiker, die systematisch Schulen abklappern, um dort neue Wähler zu werben. Auch über die zu erwartende Wahlbeteiligung der Jungwähler sollte sich niemand Illusionen machen, sie liegt schon jetzt deutlich unter der der Älteren.

Durch das Wahlrecht allein wird sich die oft beklagte Politikverdrossenheit junger Menschen nicht kurzfristig heilen lassen. Doch darum geht es auch nicht. Ihnen das Gefühl zu geben, ein Teil der demokratischen Gesellschaft zu sein, ist viel wichtiger als parteipolitischer Aktionismus, der sich an Wahlergebnissen und neuen Wählerschichten orientiert. Das wäre die wichtigste Botschaft eines Wahlrechts ab 16: Ihr dürft nicht nur mitreden, ihr sollt auch mitentscheiden.

Carsten Lißmann: „Wahlrecht: Früher Demokratie wagen" © www.zeit.de vom 16.03.2007

ISBN 978-3-12-525614-9

Aufgaben

Niveau A2 – à l'oral

Pendant son séjour en Allemagne, ta / ton corres assiste aux cours dans ton lycée. En classe, vous parlez du droit de vote en Allemagne et vous lisez l'article « Früher Demokratie wagen ».

Lis le commentaire en français ci-dessous et explique à ta / ton corres deux des arguments pour le droit de vote à 16 ans que le texte allemand donne.

le droit de vote = das Wahlrecht

> A 16 ans, les jeunes sont considérés responsables de leurs actes devant la loi mais par contre ils n'ont pas le droit de vote. Pourquoi sont-ils considérés d'un côté comme des adultes et de l'autre comme des enfants ?
> On peut argumenter qu'ils sont parfois influencés par leurs parents mais cela est vrai à 18 ans comme à 16 ans !
> Si on abaissait le droit de vote à 16 ans, les jeunes prendraient conscience qu'ils ne sont plus irresponsables et cela leur donnerait de la maturité.
> Obtenir la majorité à 16 ans, pourquoi pas ? C'est déjà fait en Autriche et en Écosse.

Niveau B1 – à l'écrit

Ton ami(e) français(e) t'envoie l'article ci-dessus dans un mail et t'écrit :

> « Salut ! Au cours d'éducation civique, nous avons parlé de l'âge de vote en Europe. C'est vrai qu'en Autriche et en Allemagne, on peut voter à 16 ans ? C'est bien ce que dit cet article, non ? »

l'éducation civique = Sozial- / Gemeinschaftskunde

Réponds à ton ami(e) et explique-lui ce qu'on peut et ce qu'on ne peut pas faire en Allemagne à 14 et à 16 ans, d'après l'article.

Niveau B2 – à l'écrit

In einem französischen Internet-Forum verfolgen Sie eine Diskussion zum Thema « Voter à 16 ans ? ». Dabei finden Sie folgenden interessanten Kommentar einer Internetnutzerin:

> Chers tous !
> A mon avis, le droit de vote à un tel âge, c'est nul. À 16 ans, comment voulez-vous que les jeunes sachent prendre leurs responsabilités ? Ils sont encore trop jeunes ! Et je sais de quoi je parle.
> J'ai trois enfants dont deux qui ont plus de 16 ans et qui parfois encore pensent et se comportent comme des petits enfants ! Ils n'ont pas encore assez vécu, pour vraiment savoir ce qui se passe dans le monde.
> Cécile, 45 ans

Sie recherchieren ein bisschen im Internet und stoßen dabei auf den Artikel „Früher Demokratie wagen".

Schreiben Sie Cécile auf Französisch eine Antwort im Forum indem Sie die Hauptargumente von Carsten Lißmann für das Wahlrecht ab 16 zusammenfassen.

ISBN 978-3-12-525614-9

« Les Allemands sont… » : nos clichés ? (D > F)

Material

So sehen sich Nachbarn

„Der Franzose" – „der Deutsche", die meisten Sätze, die so beginnen, sind zumindest mit Vorsicht zu genießen. Oft stellen sie fragwürdige Verallgemeinerungen dar, die bei genauerem Hinsehen vielleicht gar nicht haltbar sind. Klischees, so sagt es der Duden, sind „überkommene Vorstellungen", vorgefertigte Ansichten also, deren Gültigkeit und Richtigkeit ohne weiteres Hinterfragen angenommen, gar vorausgesetzt werden. Und: Sie bestimmen häufiger unser Denken, als wir es uns selbst eingestehen mögen. Sie geben wieder, wie wir, aus der Perspektive unseres jeweiligen Kulturkreises, bestimmte Dinge wahrnehmen und deuten. Mit anderen Worten: Klischees entstehen selten völlig grundlos, sie haben - wie Legenden - meistens einen „wahren Kern". So gibt es zwar sicherlich nicht „den Franzosen" oder „den Deutschen" - wohl aber einige Charakteristika der Menschen rechts und links des Rheins, die tatsächlich so etwas wie „typisch französisch" oder „typisch deutsch" sind.

Und es gibt Klischees, die tatsächlich weit von der Realität entfernt sind. So gelten in Frankreich beispielsweise Ordnungsliebe und Disziplin als typisch deutsche Eigenschaften. Rechts des Rheins, so will es das französische Klischee, hat alles nicht einfach irgendwie, sondern ordentlich, organisiert, diszipliniert, sozusagen im Winkel von 90° abzulaufen. Dabei erweist sich dieses Klischee in der Realität als kaum haltbar. Ein direkter Vergleich etwa der Schulsysteme zeigt: In Frankreich werden Jugendliche einer wesentlich strikteren Ordnung unterworfen als in Deutschland. Disziplin spielt in Frankreichs Schulen eine viel wichtigere Rolle als in Deutschland: Freiräume und Freizeiten französischer Schüler sind wesentlich rigider eingeschränkt, […] Schulfreie Nachmittage sind links des Rheins praktisch unbekannt. […] Andererseits: Chaos in der Hofeinfahrt, ein seit Wochen ungemähter Rasen, ein Rostfleck am Kotflügel des Autos lösen in Frankreich bei weitem nicht die hektische Betriebsamkeit aus, mit der in Deutschland üblicherweise solche „Unordentlichkeiten" behoben werden. Deutsche Ordnungsliebe - ein halbwahres Klischee.

Franzosen sind nach deutscher Ansicht ausgesprochene Individualisten. […] Nach deutscher Meinung gestaltet „der Franzose" sein Leben so, wie er es haben möchte, ohne sich um andere und deren Meinung zu kümmern. Scheinbar ist dieses Klischee nicht unberechtigt: So haben beispielsweise Fahrgemeinschaften in Frankreich einen gewissen Seltenheitswert. […]

Aber es gibt auch Bereiche, wo das Klischee vom französischen Individualisten deutlich an der Realität vorbeizugehen scheint. Wenn etwa in Frankreich eine Berufsgruppe streikt, erfährt sie in der Regel deutlich mehr Solidarität von Seiten der Bevölkerung, als dies bei einem Arbeitskampf in Deutschland gemeinhin der Fall ist. Diese breitere Solidarität mit streikenden Landwirten

ISBN 978-3-12-525614-9

oder Lastwagenfahrern spricht nicht unbedingt für „den Franzosen", der sein Leben lebt und für den Rest der Welt hauptsächlich Desinteresse hegt. Auch das Klischee des französischen Individualismus ist also bestenfalls halbwahr.

Es gibt aber auch eine Reihe von Klischees, die durchaus zutreffend sind: So wirken beispielsweise in französischen Arbeitsgruppen ganz andere soziale Mechanismen als in deutschen. Tatsächlich scheint es in deutschen Teams – getreu all den Klischees über deutsche Arbeitstugenden – vor allem auf Effizienz, korrekte Planung und akkurate Ausführung von vorgegebenen Arbeitsvorgängen anzukommen, Expertenmeinungen haben eine enorme Bedeutung. […]

In Frankreich dagegen gehen Teams spontaner und weniger formell an eine Aufgabe heran. Deutsche „Kardinaltugenden" wie Effizienz und strikte Einhaltung einer Planung gelten in Frankreich eher als Zeichen mangelnder Flexibilität. […]

So ist das eben mit den Klischees: Sie sind nie ganz falsch – aber eben auch nie ganz richtig ...

Aufgaben

Niveau A2 – à l'écrit

Marine, ta correspondante française, prépare un exposé sur ce que les Français pensent de leurs voisins allemands, belges, espagnols, suisses… Elle t'a écrit un mail pour demander ton aide :

Bonjour !
Ça va ? Est-ce que tu sais – par hasard – ce que nous Français pensons de vous, les Allemands ? Pour moi, tu es simplement très sympa, mais il y a peut-être des clichés que nous avons de vous ? Aucune idée… Merci pour ton aide ! Je t'embrasse, Marine !

Écris un mail à Marine dans lequel tu expliques ce que les Français pensent des Allemands d'après cet article.

Strategie :
Achte sehr genau darauf, welche Informationen in deinem Text vorkommen sollen.

Streiche all diejenigen Teile des Ausgangstextes durch, die damit nichts zu tun haben!

Hier geht es beispielsweise in der ersten Hälfte des Textes darum, was das Wort Klischee bedeutet. Das sollst du in deiner Mail an Marine jedoch gar nicht erläutern.

Niveau B1 – à l'oral

Pendant son séjour en Allemagne, ton ami(e) français(e) qui ne parle pas bien l'allemand, a vu l'article ci-dessus dans un journal. Elle / Il te pose des questions : « De quoi parle cet article ? Pourquoi est-ce qu'on dit ‹ le Français › et ‹ l'Allemand › dans la première phrase ? Ça traite peut-être des clichés ? »
Résume les idées principales de cet article pour ton ami(e). Jouez le dialogue à deux.

Niveau B2 – à l'écrit

Pierre, ein französischer Freund, der leider kein Deutsch versteht, hat obigen Artikel im Internet gefunden. Da er gerade ein Referat über die Klischees der Franzosen über ihre Nachbarn vorbereitet, möchte er wissen wie „Klischee" im Artikel definiert ist und ob die Klischees der Franzosen über die Deutschen der Realität entsprechen oder nicht. Schreiben Sie eine Mail an Pierre (auf Französisch), in der Sie die wichtigsten Aussagen des Artikels zusammenfassen.

Wenn du Lust hast, einmal selbst zu überprüfen, ob deine Klischees über Franzosen und Deutsche der Wahrheit entsprechen, dann kannst du dich testen im Spiel: « Voulez-vous clicher avec moi ? » auf der Homepage von ARTE: *http://php.arte-tv.com/elysee/ftext/groove.html*

ISBN 978-3-12-525614-9

ARTE – La télévision franco-allemande (D > F)

Material

**Fernsehen für Anspruchsvolle –
Der europäische Kulturkanal ARTE**

Zu kühl, zu elitär, zu wenig Zuschauer, so mäkeln die einen. Niveauvoll, abwechslungsreich, unverzichtbar, kontern die anderen. Wie kaum ein zweiter unter den gebührenfinanzierten Spartensendern polarisiert ARTE bis heute die Fernsehzuschauer in Deutschland und Frankreich.
Sendestart in beiden Ländern via Satellit und Kabel war am 30. Mai 1992. Mehr als drei Jahre zuvor hatten Staatspräsident François Mitterrand und Bundeskanzler Helmut Kohl beschlossen, das Projekt eines deutsch-französischen Kulturkanals zu unterstützen. Getauft wurde dieses Kind der Politik auf den Namen ARTE (« Association Relative à la Télévision Européénne »).
Darstellende und bildende Kunst, aktuell und historisch, klassisch und experimentell, stehen bis heute im Mittelpunkt des anspruchsvollen Programmangebots. Dabei fühlen sich die Programmmacher dem modernen Begriff von Weltkultur verpflichtet: « American Dance » findet sich bei ARTE ebenso wie ein türkischer Fernsehfilm über eine Mutter, die ihren politisch aktiven Sohn sucht.
Einzigartig in Europa ist die Zweisprachigkeit des Programms. Konkret bedeutet dies: Zur gleichen Zeit, wo Volker Schlöndorffs Spielfilm « Die Blechtrommel » auf deutschen Bildschirmen zu sehen ist, bekommen ARTE-Fernsehzuschauer zwischen Lille und Marseille die französisch synchronisierte Fassung « Le Tambour » präsentiert. Die Straßburger Zentrale sorgt für die reibungslose Übertragung der jährlich 3.500 Beiträge von bis zu 200 Sprachen und Dialekten in die beiden Sendesprachen Deutsch und Französisch.
ARTE, 3sat und Phoenix haben etwas gemeinsam: Das Durchschnittsalter ihrer Zuschauer liegt bei 50 plus. Um auch andere Altersgruppen zu erreichen, geht der Straßburger Sender inzwischen neue Wege. Die Rätselshow « Memoquiz » am Samstag sowie das Lifestyle-Magazin « Chic » und die Musiksendung « Tracks » zielen auf ein jüngeres Publikum. Ob die neuen Formate allerdings zum gewünschten Erfolg führen, muss sich erst noch erweisen.

Klaus Stahl, www.goethe.de (gekürzt und leicht verändert)

ARTE

- chaîne de télévision franco-allemande
- première émission : 30 mai 1992
- siège à Strasbourg
- diffusion bilingue (français et allemand)
- émissions de culture (p.ex. Tracks, Chic) et d'information (p.ex. ARTE Journal)
- audience : 1,8% (France), 0,7% (Allemagne)
- slogan depuis 2012 : « ARTE, la télé qui vous allume »

le siège = Sitz

l'audience *(f)* = Publikum (*hier:* Einschaltquote)

ISBN 978-3-12-525614-9

Aufgaben

Niveau A2 – à l'oral

Pendant ton séjour en France, tu regardes la télévision avec ta corres française / ton corres français. Vous zappez et vous tombez sur un film avec un acteur allemand très connu. Tu es surpris(e) de voir un film allemand en France. Ta / Ton corres dit : « C'est ARTE, une chaîne avec un programme un peu bizarre... ».
Tu veux t'informer sur ARTE et tu trouves le texte allemand « Fernsehen für Anspruchsvolle » sur Internet.
Résume le texte allemand pour ta / ton corres. Donne trois informations différentes sur ARTE. Les informations en français peuvent t'aider. Jouez à deux.

la chaîne (de télévision) = (Fernseh-)Sender

Niveau B1 / B2 – à l'oral

Tes parents ont des amis français qui adorent regarder la chaîne de télévision ARTE. Ce soir, tes parents les ont invités à dîner. Vous parlez de la télévision en France et en Allemagne. L'ami de ton père dit :

> « Les jeunes d'aujourd'hui, ils ne connaissent plus ARTE. Quelle honte ! C'est une chaîne tellement importante pour l'amitié franco-allemande ! Mais les jeunes préfèrent ces horribles séries américaines des chaînes privées... Oh là là ! »

Dans la cuisine, tu fais une recherche Internet sur ARTE avec ton portable. Tu trouves le texte ci-dessus, tu retournes à table et tu dis : « Eh bien, à propos d'ARTE : C'est bien cette chaîne franco-allemande qui a été créée par François Mitterrand et Helmut Kohl et qui... »
Continue à résumer les informations principales du texte. Concentre-toi sur l'histoire de la chaîne et son programme.
Jouez le dialogue à trois ou à quatre.

Niveau B2 – à l'écrit

Sie haben eine E-Mail eines französischen Freundes / einer französischen Freundin erhalten:

> Bonjour !
> Ça va ? Je t'écris parce que j'ai peut-être trouvé une possibilité de faire un stage. Tu sais, après le bac, je veux bosser un peu dans les médias avant de commencer mes études. Comme je voudrais aussi améliorer mon allemand, je pense que ce serait une bonne idée de faire un stage pas loin de la frontière allemande. Et voilà, j'ai pensé à cette chaîne de télé franco-allemande à Strasbourg, ARTE. Le seul problème, c'est que je ne la connais pas bien... Connais-tu mieux cette chaîne ? Merci d'avance si tu as des informations !
> Je t'embrasse !

Sie recherchieren im Internet und finden oben stehenden Text.
Antworten Sie ihrem Freund / Ihrer Freundin und fassen Sie die wichtigsten Informationen auf Französisch zusammen. Konzentrieren Sie sich dabei auf die Geschichte des Senders, sein Programm und die aktuellen Probleme.

ISBN 978-3-12-525614-9

Partir en vacances ensemble (D > F)

Material

Surfcamp Idrosee Italien

Vue sur le lac

Diese Freizeiten stehen ganz unter dem Motto »Surfen«. Der Idrosee ist als Surfparadies bekannt. Der gut ausgestattete Campingplatz befindet sich direkt am See in der Lombardei, inmitten der traumhaften Landschaft Italiens.

- täglicher Surfkurs für Anfängerinnen und Anfänger sowie Fortgeschrittene
- freies Surfen nach Können
- Tretboot fahren
- Baden im Idrosee
- 6-Personen-Zelte mit Bodenplane
- gemeinsames Kochen
- Beachvolleyballplatz
- Bergtour mit Grillen am Gipfel
- Ausflüge, z. B. nach Verona oder zum Ledrosee möglich
- Vortreffen für beide Termine am 24.06.2012 von 14.00 bis 16.00 Uhr für die Kinder, Jugendlichen und Eltern im Haus der Jugendarbeit

Alter: 13–15 Jahre
Teilnehmer/innen: 20 Mädchen und 20 Jungen
Teilnahmepreis: € 370,– + € 16,– Anmeldegebühr

Termine
Termin I: 01. bis 13. August
Termin II: 13. bis 25. August

Zeiten: Abfahrt jeweils um 9.00 Uhr und Rückkehr um 23.50 Uhr

Alpencross – zu Fuß nach Italien

Die Alpenüberquerung bietet eine abenteuerliche Wanderung in einem wunderschönen Bergpanorama. Die erlebnisreiche Tour beginnt in Oberstdorf und endet in Meran in Italien, wo ihr noch einen schönen Abschlussabend verbringen werdet. Hier sind alle Bergfans und Naturfreunde gefragt.

- 6 Tage Wanderung, täglich ca. 6–8 Stunden
- 1 Tag Pause mit tollem Programm
- Baden in Bergseen
- Gletscher- und Gipfelwanderungen
- Übernachtung in sehr einfachen Berghütten
- Gondelfahrten
- Der Transfer erfolgt mit dem Zug
- 1-tägige verpflichtende Qualifikationstour für alle Kinder und Jugendlichen zur Brunnsteinspitze in Mittenwald am 19.05.2012. Treffpunkt am Münchner Hauptbahnhof ca. 6.00 Uhr und Rückkehr gegen 20.00 Uhr.
- Nachtreffen mit Fotobesichtigung am 14.10.2012, 14.30–16.30 Uhr für die Kinder, Jugendlichen und Eltern im Haus der Jugendarbeit

Un chemin dans les Alpes

Termin: 04. bis 11. August
Alter: 12–15 Jahre
Teilnehmer/innen: 13 Mädchen und 13 Jungen
Teilnahmepreis: € 135,– + € 16,– Anmeldegebühr + € 10,– Ausflugsgeld

ISBN 978-3-12-525614-9

Aufgaben

Niveau A1 – à l'écrit

Du verstehst dich sehr gut mit deinem französischen Cousin, obwohl ihr die Sprache des anderen nicht so gut sprecht. Deshalb wollt ihr die ersten zwei Ferienwochen im August gemeinsam verbringen. Deine Eltern haben euch vorgeschlagen an einer Reise des Stadtjugendamts teilzunehmen. Dein Cousin ist einverstanden, hat aber noch ein paar Fragen:

- *Est-ce que les deux voyages sont de deux semaines ?*
- *Tu sais que j'adore faire la natation. Peut-on se baigner pendant les voyages ?*
- *Où est-ce qu'on va dormir ? Dans un hôtel ?*

Schreibe ihm eine Mail und beantworte seine Fragen.

Niveau A1 / A2 – à l'oral

Tu t'entends très bien avec ta / ton cousin(e) français(e), même si tu ne parles pas très bien le français ni lui l'allemand. Vous avez décidé de passer ensemble les deux premières semaines du mois d'août. Tes parents vous ont proposé un des deux voyages de jeunes que le Stadtjugendamt de ta ville organise. Ta / Ton cousin(e) t'appelle et dit qu'elle / il est d'accord, mais pose quelques questions :

- *Est-ce que les deux voyages sont de deux semaines ?*
- *J'adore faire de la natation. Peut-on se baigner pendant les voyages ?*
- *Où est-ce qu'on va dormir ? Dans un hôtel ?*

Jouez à deux.

Niveau A2 – à l'écrit

Comme tu t'entends très bien avec ta / ton correspondant(e) français(e), vous avez décidé de passer ensemble les deux premières semaines du mois d'août. Vos parents vous ont proposé de participer à un des deux voyages de jeunes que le Stadtjugendamt organise. Ta / Ton corres est d'accord, mais pose des questions :

- *Est-ce que les deux voyages sont de deux semaines ?*
- *J'adore faire de la natation. Peut-on se baigner pendant les voyages ?*
- *Où est-ce qu'on va dormir ? Dans un hôtel ?*
- *Est-ce que je peux participer même si je n'habite pas dans ta ville ?*

Écris un mail dans lequel tu réponds à toutes les questions. N'oublie pas de dire bonjour et d'expliquer de quoi tu parles dans une petite introduction.

Niveau B1 – à l'écrit

Comme tu t'entends très bien avec ta / ton correspondant(e) français(e), vous avez décidé de passer ensemble les deux premières semaines du mois d'août. Bien sûr, vous voulez partir en vacances ! Comme vos parents ne permettent pas que deux ados partent en vacances tou(te)s seul(e)s, ils vous ont proposé de participer à un voyage de jeunes organisé par le Stadtjugendamt de ta ville. Tu cherches dans un catalogue, tu trouves deux offres intéressantes.

Résume par mail les informations les plus importantes sur ces deux voyages. Dis d'abord bonjour à ta / ton corres et ajoute une petite introduction pour lui expliquer de quoi tu parles.

ISBN 978-3-12-525614-9

Se déplacer à Paris (F > D)

Material

RATP

Itinéraire	**Le plus rapide**
Départ: Palais des Congrès, Paris Arrivée: Stade de France, St-Denis Heure : départ à 16h00 Date : jour de la semaine Critères : le plus rapide	Départ : 16h01 Durée totale : 40min Zones : 1–2 Arrivée : 16h41

Feuille de route

Ligne	Détail	Horaires	Durée
	aller jusqu'à Porte Maillot – Métro	16h01 ;	4 min
M 1	depuis Porte Maillot direction Château de Vincennes jusqu'à Champs-Élysées-Clemenceau	de 16h05 à 16h12	7 min
	correspondance		1 min
M 13	depuis Champs-Élysées-Clemenceau direction Saint-Denis-Université jusqu'à Saint-Denis-Porte de Paris	de 16h14à 16h33	19 min
	aller jusqu'à Stade de France, St-Denis Prendre la direction Ouest sur Avenue Paul Vaillant-Couturier sur 0,06 Km Tourner à gauche sur Avenue du Président Wilson sur 0,12 Km Tourner à gauche sur Esplanade de l'Ecluse sur 0,37 Km Arrivée sur Mail de l'Ellipse		8 min

« Avec l'aimable autorisation de la RATP »

Aufgaben

Niveau A1 – à l'écrit

Dein großer Bruder macht gerade Urlaub in Paris. Da er kein Französisch versteht, bittet er dich, ihm den Weg vom Palais des Congrès zum Stade de France zu erläutern. Von seinem Smartphone aus schickt er dir die obenstehende Verbindung zu. Schicke ihm eine kurze Nachricht auf sein Handy, in der du ihm erklärst:

- *an welcher Station er welche U-Bahn nehmen muss;*
- *wie lange er unterwegs sein wird und welches Ticket er braucht.*

Vergiss nicht, auch eine kurze Begrüßung und Verabschiedung zu schreiben!

Niveau A2 – à l'oral

Tu es avec ton ami/e à Paris. Votre auberge de jeunesse se trouve près du Palais des Congrès. Vous voulez aller voir un match de foot au Stade de France. Sur Internet tu as trouvé l'itinéraire ci-dessus que tu as imprimé. Explique à ton ami/e comment faire pour vous y rendre. Jouez à deux.

ISBN 978-3-12-525614-9

Le règlement intérieur de la piscine (D > F)

Material

Benutzungsordnung des Freibades

1. Das Freibad ist eine öffentliche Einrichtung der Stadt und darf von jedermann besucht werden. Für die Benutzung wird ein Entgelt erhoben (siehe Aushang).
2. Bei Badewetter werden folgende Betriebszeiten des Freibades festgesetzt:
   Montag bis Freitag *9.30 bis 20.00 Uhr*
   Samstag und Sonntag *8.00 bis 20.00 Uhr*
3. Kinder unter 7 Jahren dürfen das Freibad nur in Begleitung eines Erwachsenen betreten. Das gleiche gilt für Kinder unter 12 Jahren nach 18 Uhr.
4. Schulklassen und Jugendgruppen werden in das Freibad nur unter der Führung einer verantwortlichen Lehrkraft bzw. Jugendleiters eingelassen.
5. Der Aufenthalt im Freibad ist nur in üblicher Badekleidung (Badehose / Badeanzug) erlaubt.
6. Das Rauchen ist auf dem gesamten Gelände des Freibades untersagt.
7. Müll ist in den dafür bereitgestellten Müllbehältern zu entsorgen. Papier, Glas, Plastik und Restmüll sind zu trennen.
8. Ballspiele sind nur in den hierfür vorgesehenen Bereichen des Freibades (Grünflächen, Außenbereiche B, C und F) gestattet.
9. Der Verzehr von selbst gemachten Getränken und Speisen ist nur auf den Liegewiesen, nicht aber innerhalb des Gebäudes gestattet.
10. Der Kiosk (1. OG) schließt 30 min vor Ende der Betriebszeit des Freibades.
11. Bei ungünstiger Witterung oder geringer Besucherzahl kann das Freibad eher schließen, ohne dass die Benutzer einen Anspruch auf anteilige Rückerstattung des Eintrittspreises haben.

Une piscine en plein air

Aufgaben

Niveau A2 – à l'écrit

Ton ami(e) parisien(ne) viendra bientôt te voir en Allemagne. Pendant sa visite, elle / il voudrait aller à la piscine avec toi. Dans son dernier mail, elle / il t'a posé quelques questions :

- *Dans les piscines de Paris, il faut porter un bonnet de bain. En Allemagne aussi ?*
- *Dans votre piscine, est-il permis de faire un pique-nique ?*
- *Y a-t-il un kiosque où on peut acheter des friandises ?*
- *Peut-on jouer au foot ?*

Sur Internet, tu as trouvé le règlement intérieur de la piscine. Écris un mail à ton amie / ami et réponds à ses questions.

le bonnet de bain = die Badekappe

le règlement intérieur = die Benutzungsordnung

Niveau B2 – à l'écrit

In ihrer letzten Mail hat Ihnen ihre französische Freundin über die Bürokratie in Frankreich folgendes geschrieben: « Imagine-toi, ici en France nous avons des règlements intérieurs pour tout. Vraiment tout ! Chez vous, ce n'est pas pareil, non ? » Antworten Sie ihrer Freundin und erklären Sie ihr, dass es dieses Phänomen auch in Deutschland gibt. Fassen Sie dazu als Beispiel die wichtigsten Baderegeln eines öffentlichen Freibads zusammen.

ISBN 978-3-12-525614-9

Un week-end à Bordighera (Ital. > F)

Material

Un hotel italien à Bordighera

HOTEL CENTRALE

L'Hotel Centrale offre alla sua clientela 30 camere moderne e confortevoli. Dai balconi delle camere al secondo e al terzo piano si gode una vista magnifica sul mare, mentre al primo ci si affaccia direttamente sul giardino privato, ricco di fiori e palme.
L' Hotel Centrale è completamente ristrutturato, mette a disposizione dei propri ospiti una serie di servizi: ascensore, ampio giardino di 600 mq rivolto verso il mare, bar, parcheggio privato e chiuso per tutte le auto, Wi-fi gratuito, camere con servizi privati, televisione a colori e telefono diretto, sala carte, sala lettura, etc.
L'hotel dista solo 20 km da Montecarlo, 35 km da Nizza e 60 km da Cannes, ideale quindi per chi desidera escursioni giornaliere in Francia.

Più informazioni: www.bordighera.it

Periodo	Camera	Camera e colazione per 2 persone	Pensione completa (prezzo a persona)	Mezza pensione (prezzo a persona)
Dal 07 Gennaio al 26 Gennaio	Doppia	€ 65,00	€ 52,00	€ 49,00
	Singola	€ 45,00	€ 58,00	€ 53,00
Dal 27 Gennaio al 8 Marzo	Doppia	€ 68,00	€ 54,00	€ 48,00
	Singola	€ 46,00	€ 60,00	€ 54,00
dal 09 Marzo al 30 Maggio	Doppia	€ 65,00	€ 50,00	€ 46,00
	Singola	€ 48,00	€ 54,00	€ 50,00
dal 31 Maggio al 12 Luglio	Doppia	€ 70,00	€ 58,00	€ 53,00
	Singola	€ 50,00	€ 60,00	€ 54,00
dal 13 Luglio al 04 Agosto	Doppia	€ 72,00	€ 60,00	€ 54,00
	Singola	€ 56,00	€ 65,00	€ 60,00
dal 05 Agosto al 25 Agosto	Doppia	€ 75,00	€ 68,00	€ 63,00
	Singola	€ 60,00	€ 80,00	€ 74,00
dal 26 Agosto al 16 Settembre	Doppia	€ 70,00	€ 56,00	€ 52,00
	Singola	€ 50,00	€ 60,00	€ 54,00
dal 17 Settembre al 01 Ottobre	Doppia	€ 65,00	€ 50,00	€ 46,00
	Doppia	€ 45,00	€ 54,00	€ 48,00

Aufgabe

Das Italienische und das Französische gehören beide der Familie der romanischen Sprachen an. Aus diesem Grund gibt es große Ähnlichkeiten zwischen beiden Sprachen, insbesondere im Wortschatz.

Niveau B1 – à l'oral

Pendant les vacances d'été tu suis un cours de français à Nice. Avec trois autres jeunes, un garçon tchèque et deux filles danoises, que tu as connus au cours, tu programmes un week-end à Bordighera, près de la frontière franco-italienne. Vous avez envie d'y passer deux nuits (soit du 11 au 13 juillet, soit du 18 au 20 juillet), mais vous ne voulez pas dépenser beaucoup d'argent. Sur Internet tu as trouvé l'hôtel Rosalia qui te semble très intéressant. Malheureusement le site de l'hôtel est uniquement disponible en italien. Puisque tu sais que le français présente de nombreuses similitudes avec l'italien, tu t'y lances et essaies de résumer les informations essentielles pour tes copains en français : situation de l'hôtel, nombre de chambres, prestations et service, tarifs et réservations etc.
Prends des notes en français et donne un coup de fil à tes copains.

ISBN 978-3-12-525614-9

Klett

Le musée Dalí (Span. > F)

Material

El Teatro-Museo Dalí, inaugurado en 1974, fue construido sobre los restos del antiguo teatro de Figueres y contiene el más amplio abanico de obras que describen la trayectoria artística de Salvador Dalí (1904-1989), desde sus primeras experiencias artísticas y sus creaciones surrealistas hasta las obras de los últimos años de su vida. Es uno de los museos más visitados del Estado español.
El 28 de julio, el Teatro-Museo Dalí de Figueres inaugura la nueva edición de apertura nocturna, que finalizará el 1 de septiembre. Como cada año, el horario de noche comprende desde las 22h hasta la 1 de la madrugada (el último acceso es a las 00:30). Durante este tiempo se ofrece al visitante una copa de cava en una de las terrazas interiores, donde también se proyecta un audiovisual (si el clima acompaña).
El Teatro-Museo Dalí, el mayor objeto surrealista del mundo, fue diseñado y concebido por el propio Salvador Dalí para ofrecer al visitante una verdadera experiencia que le introduzca en su mundo cautivador y único. La visita nocturna, con un aforo limitado a 500 personas, permite descubrir y disfrutar la obra y el pensamiento de un genio, e incrementa, sin lugar a dudas, su carácter excepcional.

- Apertura en agosto : de las 10 de la noche a la 1 de la madrugada (el último acceso es a las 00:30).
- Capacidad limitada a 500 personas / noche.
- Precio normal: 12 €; precio apertura nocturna: 13,00 € (sujeto a cambios anuales). Incluye la entrada al espacio Dalí·Joyas que muestra la colección de treinta y siete joyas de oro y piedras preciosas y los veintisiete dibujos y pinturas para los diseños que Dalí realizó entre los años 1941 y 1970.
- Venta anticipada de entradas a través de este web o de los terminales de ServiCaixa.

www.salvador-dalí.org © 2010 - Fundació Gala - Salvador Dalí

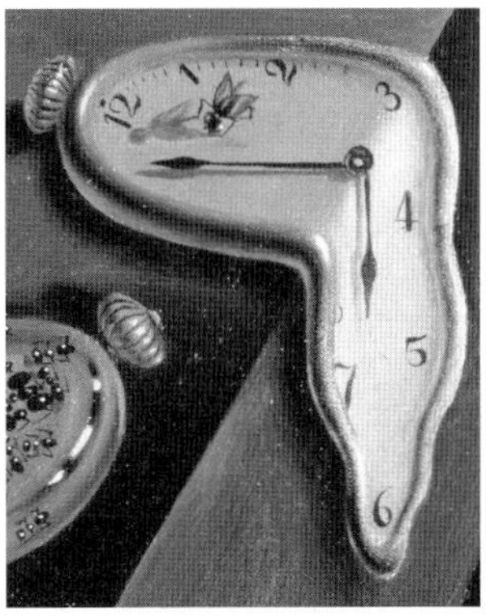

Une oeuvre de Dalí

Vue sur le théatre-musée de Dalí à Figueres

Aufgabe

Niveau B1 / B2 – à l'écrit

Après le bac, tu fais un stage à Toulouse pendant deux mois. Tu t'entends particulièrement bien avec trois autres stagiaires, une Polonaise, un Irlandais et un Egyptien, avec qui tu passes souvent ton temps libre. Un jour, tu lis un article sur le Musée Dalí à Figueres, en Espagne, qui se trouve à seulement deux heures et demie en voiture de Toulouse. Puisque tu aimerais y aller avec tes copains, tu te renseignes sur internet sur le musée et tu trouves le texte ci-dessus.
Écris un mail à tes copains dans lequel tu leur résumes les informations les plus importantes en français.

Das Spanische und das Französische gehören der Familie der romanischen Sprachen an. Aus diesem Grund gibt es große Ähnlichkeiten zwischen beiden Sprachen, insbesondere im Wortschatz.

Niveau B1 / B2 – à l'oral

Après le bac, tu fais un stage à Toulouse pendant deux mois. Tu t'entends particulièrement bien avec trois autres stagiaires, une Polonaise, un Irlandais et un Egyptien, avec qui tu passes souvent ton temps libre. Un jour, tu lis un article sur le Musée Dalí à Figueres, en Espagne, qui se trouve à seulement deux heures et demie en voiture de Toulouse. Puisque tu aimerais y aller avec tes copains, tu te renseignes sur internet sur le musée et tu trouves le texte ci-dessus. Apelle tes copains et résume-leur les informations les plus importantes en français.

ISBN 978-3-12-525614-9

Das kostenlose Audio- und Videomaterial für die Aufgaben zum Hörverstehen und Hörsehverstehen finden Sie im Internet unter dem angegebenen Online-Link. Gehen Sie dazu auf www.klett.de und geben Sie den Link in das Suchfeld oben rechts ein.

Online-Link: h3y2y4

Le Marais Poitevin

Le monstre du Marais Poitevin (F > D)

Material

Hörtext aus: *Le monstre du Marais Poitevin*: CD pistes 8 & 9; livre p. 21 – 24 © Ernst Klett Sprachen, 2010

Aufgaben

Niveau A2 – à l'oral

Tu es en train d'écouter un livre audio, «Le monstre du Marais Poitevin». Tu es si pris/e par l'histoire que tu n'entends pas ton petit frère entrer dans ta chambre. Il te demande ce que tu écoutes de si passionnant. Raconte-lui en allemand le passage que tu viens d'écouter. Les questions suivantes peuvent t'aider :

- *Où et quand se passe l'histoire ?*
- *Quelle heure était-il et quel temps faisait-il ?*
- *Qui sont les personnages, Albert et Claude ?*
- *Qu'est-ce qui s'est passé ?*

Jouez la situation à deux et en allemand.

Niveau B1 – à l'oral

Tu passes l'après-midi avec des amis/es et vous vous racontez des histoires de monstres. Un/e de tes amis/es vient de raconter l'histoire d'un jeu vidéo « la nuit des vampires ». A ton tour, raconte-leur, en allemand, le passage du livre audio « Le monstre du Marais Poitevin » que tu viens d'écouter.

Niveau A2 / B1 – à l'écrit

D'abord écoute l'histoire du monstre du Marais Poitevin. Ensuite, lis le mail suivant que tu viens de recevoir :

Von: Mark
An:
Betreff: Urlaub im Marais Poitevin!!

Hi Du!
Meine Eltern haben es doch noch geschafft, uns zu überreden mit in den Frankreich-Urlaub zu kommen, und stell dir vor, jetzt sind wir tatsächlich hier im Marais Poitevin und... es ist echt cool!
Wir schippern mit so einem kleinen Boot auf den Kanälen rum – von denen es über 2400 km gibt – das ist ein echtes Labyrint... Schade, dass du nicht mit dabei sein kannst. Aber ich schick dir ein paar Fotos mit :-)
Bis bald, Mark

Réponds à Mark (en allemand) et dis-lui que justement tu viens d'écouter une histoire qui se passe dans le Marais Poitevin. C'est une histoire de monstre... Raconte-lui cette histoire et demande-lui ce qu'il en pense. Pour finir souhaite-lui de bonnes vacances.

ISBN 978-3-12-525614-9

Klett

Les jeunes en France (F > D)

Material

Hörtext aus: *Mots et contexte:* Les jeunes © Ernst Klett Sprachen, 2012

Online-Link: h3y2y4

Aufgaben

Niveau A2 – à l'écrit

Pour ton cours de français tu dois préparer un exposé sur les jeunes en France. Pour cela votre professeur vous a donné un article audio en français très intéressant mais difficile à comprendre. Comme ça ne fait pas longtemps que tu étudies le français tu peux travailler avec un ami / une amie et vous pouvez écrire l'exposé en allemand. Pour vous aider, votre professeur vous a donné, en plus, un document avec des questions. Avec ton ami/e, écoutez l'article, puis répondez aux questions ci-dessous (en allemand).

Stratégie:
Pour faire un résumé, il faut dégager les idées principales d'un texte.
D'abord, écoute le texte et prends quelques notes.
Ensuite, relis tes notes puis écoute à nouveau le texte pour les compléter.
Ici, les idées principales du texte correspondent aux questions posées.

Fragen	Antworten
1. Gibt es proportionell gesehen genau so viele Jugendliche in Frankreich wie in Deutschland?	
2. Wie fühlen sich die Jugendlichen in ihrer Familie?	
3. Spielen die Großeltern eine wichtige Rolle in der Familie?	
4. Wann ziehen die Jugendlichen im Allgemeinen von zu Hause aus?	
5. Wie ist die Situation auf dem Immobilienmarkt?	
6. Mit welchen anderen Schwierigkeiten müssen sich die Jugendlichen noch auseinandersetzen?	

Niveau B1 – à l'écrit

Tu prépares un exposé allemand sur les jeunes en France. Tu as écouté un article très intéressant qui répond à presque toutes les questions que tu aimerais bien traiter dans ton exposé – malheureusement l'article est en français !
Résume cet article en allemand :

- *Compare le nombre de jeunes en France et en Allemagne.*
- *Parle des rapports entre les parents et les jeunes.*
- *Et ensuite des rapports entre les grands-parents et les jeunes.*
- *Décris la situation du marché immobilier.*
- *Finalement, explique la différence entre les jeunes et leurs aînés.*

ISBN 978-3-12-525614-9

Liebe und l'amour (D > F)

Online-Link: h3y2y4

Material

NDR Info Podcasts © NDR Info 2012

Aufgaben

Niveau A2 – à l'écrit

Tu viens d'écouter une interview en allemand sur les couples franco-allemands. On a interrogé deux couples qui vivent en France. Ils ont parlé des différences entre la vie en France et en Allemagne. Tu as été très étonné/e par ce qu'ils ont dit. Tu décides d'écrire, en français, à ton ami/e français/e pour lui demander ce qu'il/elle en pense :

- *D'abord, présente les deux couples.*
- *Ensuite, donne un exemple qui a choqué Sabine.*
- *Puis, raconte ce que Daniel et Magalie ont découvert qui ne se fait pas en France contrairement à l'Allemagne. Donne juste un exemple.*
- *Demande à ton ami/e s'il/si elle est d'accord.*

Niveau A2 / B1 – à l'écrit

Tu as reçu le mail suivant de ton amie française. Ecoute le programme dont elle parle et réponds-lui en français.

De: Alix
à:
Objet: Couples franco-allemands

Salut !
Je viens d'écouter une interview en allemand sur les couples franco-allemands. Je te donne le lien, c'est passionnant ! On a interrogé deux couples qui vivent en France. Ils ont parlé des différences entre la vie en France et en Allemagne. C'était très intéressant mais je n'ai pas bien compris.
Est-ce que tu pourrais me résumer en français ce qui a choqué Sabine ?
Est-ce que tu pourrais aussi m'expliquer ce que Daniel et Magalie ont découvert qui ne se fait pas en France contrairement à l'Allemagne ?
Dis-moi ce que tu en penses !
Merci d'avance !
Bizz

Niveau A2 / B1 – à l'oral

Tu as écouté une interview en allemand sur les couples franco-allemands. Ça t'a beaucoup intéressé ! Deux couples qui vivent en France ont parlé des différences entre la vie en France et en Allemagne. Tu es avec un/e ami/e français/e. Résume-lui en français cette interview :

- *Présente les deux couples interrogés.*
- *Puis explique ce qui, selon eux, ne se fait pas en France.*

Pour chaque point discuté, demande à ton ami/e français/e s'il/si elle est d'accord.
Avec ton ami/e, joue la situation en français.

ISBN 978-3-12-525614-9

Schule ist nicht gleich Schule (D > F)

Material

NDR Info Podcasts © NDR Info 2012

Online-Link: h3y2y4

Aufgaben

Niveau A2 / B1 – à l'écrit

Tu as écouté un reportage en allemand sur le lycée de Buc. D'après ce reportage, tu as l'impression qu'on s'y amuse plus qu'on y travaille et que tous les élèves réussissent au bac ! Ecris en français à ton / ta corres pour lui demander s'il / si elle en a entendu parler. Demande-lui aussi comment ça se passe dans son collège ou son lycée.

D'abord, présente le lycée de Buc :

- *Où est-ce ?*
- *Combien d'élèves y sont inscrits ?*
- *Combien d'heures d'allemand y fait-on par semaine ?*
- *Quelles activités sont proposées aux élèves ?*
- *Ensuite demande à ton / ta corres comment ça se passe dans son collège ou son lycée, s'il y a des cours de musique, ou de théâtre ou de peinture.*
- *Demande-lui aussi ce qu'il / elle fait en ce moment pendant son temps libre ? Par exemple, s'il / si elle fait de la musique ou du théâtre ? Et où et avec qui ?*

Pour terminer dis-lui que tu aimerais bien aller chez lui / chez elle pendant les prochaines vacances.

Dans un lycée français

De:
à:
Objet:

Niveau A2 / B1 – à l'oral

Tu es avec ton ami/e français/e. Tu lui parles d'un reportage que tu as écouté récemment à la radio. Il s'agit d'un reportage en allemand sur le lycée de Buc. D'après ce reportage, tu as l'impression qu'on s'y amuse plus qu'on y travaille et que tous les élèves réussissent au bac ! Demande-lui si elle en a entendu parler. Présente-lui ce lycée :

- *Où est-ce ?*
- *Combien d'élèves y sont inscrits ?*
- *Combien d'heures d'allemand y fait-on par semaine ?*
- *Quelles activités sont proposées aux élèves ?*
- *Ensuite, demande à ton ami/e comment ça se passe dans son collège ou son lycée, s'il y a des cours de musique, ou de théâtre ou de peinture.*
- *Demande-lui aussi ce qu'il / elle fait pendant son temps libre ? Par exemple, s'il / si elle fait de la musique ou du théâtre ? Et où et avec qui ?*

Jouez la situation à deux et en français.

ISBN 978-3-12-525614-9

Un conte d'Haïti: Les moitiés (F > D)

Material

Online-Link: h3y2y4

Contes audio © « Les moitiés », conté par Mimi Barthélémy, une production TRALALERE / deci-dela, www.conte-moi.net

Aufgaben

Niveau A2 – à l'oral

La côte d'Haïti

Tu as regardé sur un DVD un conte d'Haïti raconté en français. Ce conte qui explique la création du monde t'a beaucoup plu. Tu le résumes en allemand à un/e ami/e allemand/e.
Pour t'aider, voilà quelques questions :

1. *Qu'est-ce que Papa Bon Dieu admire le 6ème jour de la création ?*
2. *Qu'est-ce qu'il décide de faire ensuite ? Et comment ?*
3. *Que signifie l'humanité ? Pourquoi Papa Bon Dieu dit qu'il crée l'humanité ?*
4. *Raconte pourquoi et comment le mâle et la femelle, c'est-à-dire l'homme et la femme, sont créés.*
5. *Que font les moitiés ? Qu'est-ce qu'elles cherchent ?*
6. *D'après ce conte, qu'est-ce que le bonheur ?*

Niveau B1 – à l'oral

Tu as regardé sur un DVD un conte d'Haïti raconté en français. Ce conte donne une version de la création du monde et une définition du bonheur. Tu le résumes en allemand à un/e ami/e allemand/e.
Dis si tu es d'accord avec cette idée du bonheur et explique pourquoi ce conte t'a plu ou pourquoi il ne t'a pas plu. Jouez à deux.

Niveau B1 – à l'écrit

Tu as regardé sur un DVD un conte d'Haïti raconté en français. Ce conte donne une version de la création du monde et une idée du bonheur. Il t'a beaucoup impressionné. Tu écris un mail en allemand à ton meilleur copain / à ta meilleure copine, tu le résumes en allemand et tu lui donnes tes impressions.

De:
à:
Objet: Le conte sur les moitiés

ISBN 978-3-12-525614-9

Une interview avec Guillaume Musso (F > D)

Material

Interview avec Guillaume Musso, par Géraldine Boyer, images et montage: Loïc Gaessler, le 20 fév. 2013
© Prisma Média, www.femmeactuelle.fr

Online-Link: h3y2y4

Aufgabe

L'écrivain Guillaume Musso

Niveau A2 – à l'oral

Dans le club de littérature de ton lycée, vous discutez des auteurs contemporains du monde entier. Chaque mois, un des membres présente un auteur, parle de son œuvre littéraire, lis éventuellement un passage d'un de ses textes etc. Comme les élèves dans ce club n'apprennent pas tous les mêmes langues étrangères, les présentations doivent être en allemand. Dans deux semaines, c'est ton tour. Tu as choisi Guillaume Musso, l'auteur qui a vendu le plus de livres en France en 2012, à savoir 1 710 500 exemplaires.
Tu as trouvé une vidéo intéressante pour ta présentation. Dans la première partie de cette vidéo Guillaume Musso parle de son roman « Demain ». Ton frère te demande de quoi la vidéo que tu as regardée parle. Puisqu'il n'aime pas du tout lire, tu lui résumes seulement très brièvement ce que tu as compris dans la première partie (jusqu'à 01:13).

Niveau B1 – à l'oral

Dans le club de littérature de ton lycée, vous discutez des auteurs contemporains du monde entier. Chaque mois, un des membres présente un auteur, parle de son œuvre littéraire, lis éventuellement un passage d'un de ses textes etc. Comme les élèves dans ce club n'apprennent pas tous les mêmes langues étrangères, les présentations doivent être en allemand. Dans deux semaines, c'est ton tour. Tu as choisi Guillaume Musso, l'auteur qui a vendu le plus de livres en France en 2012, à savoir 1 710 500 exemplaires.
Tu as trouvé une vidéo intéressante pour ta présentation. Regarde la première partie (jusqu'à 01:13) et prend des notes pour ta présentation. Quand tu auras relu tes notes, prépare-toi des phrases pour résumer le roman, mais n'écris pas de phrases complètes pour les apprendre par cœur. Entraîne-toi à voix haute avec un copain qui peut te donner des conseils.

Niveau B1 – à l'écrit

Dans le club de littérature de ton lycée, vous discutez des auteurs contemporains du monde entier. Chaque mois, un des membres présente un auteur, parle de son œuvre littéraire, lis éventuellement un passage d'un de ses textes etc. Comme les élèves dans ce club n'apprennent pas tous les mêmes langues étrangères, les présentations doivent être en allemand. Dans deux semaines, c'est ton tour. Tu as choisi Guillaume Musso, l'auteur qui a vendu le plus de livres en France en 2012, à savoir 1 710 500 exemplaires.
Tu as trouvé une vidéo intéressante dont tu aimerais intégrer les informations les plus intéressantes dans ta présentation. Prépare une feuille qui contient – sous forme de notes – ces informations.

ISBN 978-3-12-525614-9

Bon cop bad cop (F > D)

Material

Online-Link: h3y2y4

Filmausschnitte © Les Films Sévilles: *Bon cop bad cop*, 2006, Séquence « Découverte de la victime » + « Vous êtes ‹partners› »

Aufgabe

David Bouchard et Martin Ward

Niveau B1 / B2 – à l'écrit

Ce week-end, toi et tes amis/es vous voulez regarder un DVD français pour améliorer vos connaissances de la langue. Tu proposes « Bon cop bad cop ». Envoie un mail à tes amis/es pour expliquer ton choix et résume les clips que tu as vus sur Internet :

- *D'abord décris les deux policiers, Martin Ward et David Bouchard.*
- *Explique quelle/s langue/s ils parlent ensemble.*
- *Ensuite décris la situation et le problème qui se pose.*
- *Résume les deux clips en montrant où réside le comique.*

Von:
An:
Betreff: Vorschlag zum Filmabend

Hallo ihr alle,
...

Les relations franco-allemandes (D > F)

Material

Online-Link: h3y2y4

Interview mit Angela Merkel © Aus dem Online-Angebot des Presse- und Informationsamts der Bundesregierung, www.bundesregierung.de, vom 19.01.2013

Aufgabe

Angela Merkel et François Hollande lors des festivités du traité de l'Élysée

Niveau B2 – schriftlich

Dein Französischkurs arbeitet gemeinsam mit dem Deutschkurs eines französischen lycée an einem Projekt über die deutsch-französischen Beziehungen. In einem ersten Schritt haben die Schülerinnen und Schüler die Aufgabe, Material zu recherchieren und die gefundenen Informationen ihrer Partnerklasse jeweils auf Französisch zur Verfügung zu stellen.
Der Themenschwerpunkt der Arbeitsgruppe, der du angehörst, ist der Élysée-Vertrag, dessen Jahrestag sich 2013 zum 50. Mal wiederholte. Deine Aufgabe besteht darin, die Videobotschaft von Bundeskanzlerin Angela Merkel vom 19.1.2013 anzuschauen und die Hauptaussagen der Kanzlerin für die französischen Schülerinnen und Schüler auf Französisch zusammenzufassen.

ISBN 978-3-12-525614-9

Extra : Multimediale Aufgabe

Campagne contre l'alcool au volant (F > D)

Material

1. Sécurité routière : campagne de prévention contre l'alcool au volant

Claude Guéant, le ministre de l'intérieur, a annoncé vendredi 16 décembre sur France Info, le lancement d'une campagne radiotélévisée de prévention des dangers de l'alcool au volant, responsable de 1 200 morts en 2010, le tiers du nombre des tués sur les routes.

A l'approche des fêtes de fin d'année et des grands départs en vacances, « mon message, aujourd'hui, c'est vraiment ‚attention à l'alcool', [qui] représente à peu près le tiers des accidents mortels dans notre pays », a souligné le ministre. Davantage encore « le week-end et la nuit », où l'alcool est alors responsable de « la moitié des accidents mortels », a poursuivi M. Guéant en rappelant qu'en 2010 il y avait eu « plus de 1 100 morts sur les routes du fait de l'alcool ».

La sécurité routière est au centre du déplacement vendredi matin du ministre de l'intérieur à Troyes, où il va « lancer une campagne d'information à la radio, à la télévision, très forte, afin de prévenir contre les dangers de l'alcool et de créer autour de l'automobiliste une véritable solidarité, une véritable vigilance », a-t-il expliqué. « Le thème de la campagne télévisée, c'est : ‚Si tu tiens à lui, retiens-le', c'est-à-dire « ne le fais pas conduire » s'il a bu », a révélé le ministre de l'intérieur. En outre, a-t-il ajouté, « il y a une autre campagne qui a eu beaucoup de succès auprès des jeunes et qui redémarre et dont le thème est : celui qui conduit est celui qui ne boit pas ».

Globalement, après « un véritable dérapage en matière de sécurité routière » au début de 2011, « la situation s'est rattrapée, nous avons des chances sérieuses d'enregistrer moins de morts que l'année dernière », où le nombre de tués sur les routes s'est élevé à 3 994, a indiqué Claude Guéant. Quant à « l'objectif de moins de 3 000 morts fixé pour 2012, nous allons tout faire pour y parvenir », a-t-il assuré.

http://www.lemonde.fr/societe/article/2011/12/16/securite-routiere-campagne-de-prevention-contre-l-alcool-au-volant_1619662_3224.html (15.11.2012, © AFP Agence France-Presse GmbH)

2. Fernsehspot (45 Sekunden)
3. Radiospots: *La voiture volée* und *Le petit neveu*

Online-Link: h3y2y4

© 2. + 3.: Gouvernement français, Ministère de l'Intérieur

Aufgabe

Niveau B1 / B2 – schriftlich (F > D)

Deine Freundin hält im Rahmen ihres Engagements in einem Jugendzentrum ein Referat über staatliche Kampagnen zum Thema „Alkohol am Steuer" in verschiedenen europäischen Ländern. Da sie selbst kein Französisch spricht, hat sie dich um Hilfe gebeten. Deine Aufgabe ist es, dich über eine französische Kampagne zu informieren, die der französische Innenminister im Dezember 2012 gestartet hat. Lies zunächst den Zeitungsartikel über den Beginn der Kampagne und schau bzw. hör dir danach die Spots an. Fasse die Informationen in einem zusammenhängenden Text zusammen (auf Deutsch), den deine Freundin später als Grundlage für ihr Referat verwenden kann. Deine eigene Meinung hat im Text keinen Platz, es geht ausschließlich um die Darstellung der Kampagne.

ISBN 978-3-12-525614-9

Bildquellennachweis

16.1 Auberge de Jeunesse Paris Le D'Artagnan © DRCRAJPlledeFranceFGaty; **16.2** Auberge de Jeunesse Paris Le D'Artagnan © DRCRAJPlledeFrance F Gaty; **17.1** PantherMedia GmbH (Andreas Jung), München; **18.1** SEA LIFE Deutschland GmbH, München; **18.2** iStockphoto (Ryan Saul), Calgary, Alberta; **19.1** shutterstock (Danussa), New York, NY; **20.1** Fotolia.com (daumy), New York; **21.1** Fotolia.com (Anandabgd), New York; **22.1** Fotolia.com (allapen), New York; **22.2** Thinkstock (Hemera), München; **24.1** interTOPICS GmbH (Olivier Ravene/Unimedia International), Hamburg; **26.1** Getty Images RF (Digital Vision), München; **26.2** Klett-Archiv, Stuttgart; **26.3** shutterstock (Eric Isselee), New York, NY; **28.1** iStockphoto (Josef Philipp), Calgary, Alberta; **28.2** Fotolia.com (Yves Roland), New York; **28.3** dreamstime.com (Margouillat), Brentwood, TN; **30.1** iStockphoto (Kristian Sekulic), Calgary, Alberta; **30.2** Thinkstock (iStockphoto), München; **30.3** Warner Music Group Germany, Hamburg; **32.1** Thinkstock (Hemera), München; **32.2** Alamy Images (RF), Abingdon, Oxon; **32.3** shutterstock (Devy), New York, NY; **34.1** Fotolia.com (mat75002), New York; **34.2** shutterstock (S Buckley), New York, NY; **34.3** Fotolia.com (Calin Bocian), New York; **36.1** © 2011 SPLENDIDO/GAUMONT/TF1 FILMS PRODUCTION/TEN FILMS/CHAOCORP; **36.2** Fotolia.com (contrastwerkstatt), New York; 3**6.3** Fotolia.com (Cendrine Arnal), New York; **38.1** Imago (Unimedia Images), Berlin; **38.2** Avenue Images GmbH (Geoatlas), Hamburg; **38.3** Fotolia.com (Alexi Tauzin), New York; **40.1** Fotolia.com (Uolir), New York; **40.2** iStockphoto (Peepo), Calgary, Alberta; **40.3** Fotolia.com (Arcticapril), New York; **42.1; 42.2; 42.3** Deutsch-Französischer Ökologischer Jugendfreiwilligendienst (DFÖJ) BUND/FÖJ-Konsortium der Umweltverbände Rheinland-Pfalz; **44.1** ddp images GmbH (Joerg Sarbach/dapd), Hamburg; **46.1** Mauritius Images (alamy), Mittenwald; **46.2** Fotolia.com (Werner Heiber), New York; **48.1** Logo, Stuttgart; **50.1** iStockphoto (Widtdesign), Calgary, Alberta; **50.2** shutterstock (lakeemotion), New York, NY; **52.1; 52.2; 52.3; 52.4** RATP/PAT phototh.que, Paris Cedex 12; **52.5** iStockphoto (Browndogstudios), Calgary, Alberta; **52.6** iStockphoto (U_S_P_E_H), Calgary, Alberta; **53.1** Fotolia.com (STIMA), New York; **54.1** iStockphoto (Lisa-Blue), Calgary, Alberta; **55.1** akg-images, Berlin. © VG Bild-Kunst, Bonn 2013 [Fundació Gala-Salvador Dalí: Die Beständigkeit der Zeit, Detail, 1931]; **55.2** Fotolia.com (Fulcanelli), New York; **56.1** Fotolia.com (Elena Shchipkova), New York; **58.1** Fotolia.com (Monkey Business), New York; **58.2** Fotolia.com (Drivepix), New York; **60.1** iStockphoto (James Colin), Calgary, Alberta; **61.1** Corbis (Eric Fougere/VIP Images), Düsseldorf; **62.1** Imago (Viva film/Entertainment Pictures), Berlin; **62.2** Getty Images (Adam Berry), München; **63.1** PUBLICIS Berlin GmbH, Berlin;

Sollte es in einem Einzelfall nicht gelungen sein, den korrekten Rechteinhaber ausfindig zu machen, so werden berechtigte Ansprüche selbstverständlich im Rahmen der üblichen Regelungen abgegolten.